丛书主编/陈 龙 杜志红

数字媒体艺术丛书

短视频艺术传播通论

杜志红/著

Introduction to the Short Video Art Communication

苏州大学出版社
Soochow University Press

图书在版编目(CIP)数据

短视频艺术传播通论 / 杜志红著. —苏州：苏州大学出版社，2021.12
（数字媒体艺术丛书 / 陈龙，杜志红主编）
ISBN 978-7-5672-3725-4

Ⅰ.①短… Ⅱ.①杜… Ⅲ.①数码影像—传播学—研究 Ⅳ.①G206.2

中国版本图书馆 CIP 数据核字（2022）第 005961 号

书　　名：	短视频艺术传播通论 DUAN SHIPIN YISHU CHUANBO TONGLUN
著　　者：	杜志红
责任编辑：	冯　云
装帧设计：	吴　钰
出版发行：	苏州大学出版社（Soochow University Press）
社　　址：	苏州市十梓街 1 号　　邮编：215006
网　　址：	www.sudapress.com
邮　　箱：	sdcbs@suda.edu.cn
印　　装：	苏州市深广印刷有限公司
邮购热线：	0512-67480030　　销售热线：0512-67481020
网店地址：	https://szdxcbs.tmall.com/（天猫旗舰店）
开　　本：	787 mm×960 mm　1/16　印张：13.5　字数：230 千
版　　次：	2021 年 12 月第 1 版
印　　次：	2021 年 12 月第 1 次印刷
书　　号：	ISBN 978-7-5672-3725-4
定　　价：	48.00 元

凡购本社图书发现印装错误，请与本社联系调换。服务热线：0512-67481020

General preface 总序

人类社会实践产生经验与认知，对经验和认知的系统化反思产生新的知识。实践无休无止，则知识更新也应与时俱进。

自 4G 传输技术应用以来，视频的网络化传播取得了突破性进展，媒介融合及文化和社会的媒介化程度进一步加深，融媒体传播、短视频传播、网络视频直播，以及各种新影像技术的使用，让网络视听传播和数字媒体艺术的实践在影像领域得到极大拓展。与此同时，融媒体中心建设、电商直播带货、短视频购物等相关社会实践也亟需理论的指导，而相关的培训均缺乏系统化、高质量的教材。怎样认识这些传播现象和艺术现象？如何把握这纷繁复杂的数字媒体世界？如何以科学的系统化知识来指导实践？理论认知和实践指导的双重需求，都需要传媒学术研究予以积极的回应。

本套丛书的作者敏锐地捕捉到这种变化带来的挑战，认为只有投入系统的研究，才能革新原有的知识体系，提升教学和课程的前沿性与先进性，从而适应新形势下传媒人才培养的战略要求。

托马斯·库恩（Thomas Kuhn）在探讨科学技术的革命时使用"范式"概念来描述科技变化的模式或结构的演进，以及关于变革的认知方式的转变。他认为，每一次科学革命，其本质就是一次较大的新旧范式的转换。他把一个范式的形成要素总结为

"符号概括、模型和范例"。范式能够用来指导实践、发现谜题和危机、解决新的问题。在这个意义上,范式一改变,这世界本身也随之改变了。传播领域和媒体艺术领域的数字革命,带来了新的变化、范例和模型,促使我们改变对这些变革的认知模式,形成新的共识和观念,进行系统化、体系化的符号概括。在编写这套丛书时,各位作者致力于以新的观念来研究新的问题,努力描绘技术变革和传播艺术嬗变的逻辑与脉络,形成新的认知方式和符号概括。

为此,本套丛书力图呈现以下特点:

理论视角新。力求跳出传统影视和媒介传播的"再现""表征"等认知范式,以新的理论范式来思考网络直播、短视频等新型数字媒体的艺术特质,尽力做到道他人之所未道,言他人之所未言。

紧密贴合实践。以考察新型数字媒体的传播实践和创作实践为研究出发点,从实践中进行分析,从实践中提炼观点。

各有侧重,又互相呼应。从各个角度展开,有的侧重学理性探讨,有的侧重实战性指导,有的侧重综合性概述,有的侧重类型化细分,有的侧重技术性操作,理论与实践相结合的特色突出。

当然,由于丛书作者学识和才华的局限,加之时间仓促,丛书的实际成效或许与上述目标尚有一定距离。但是取乎其上,才能得乎其中。有高远的目标,才能明确努力的方向。希望通过将这种努力呈现,以就教于方家。

对于这套丛书的编写,苏州大学传媒学院给予了莫大的鼓励和支持,苏州大学出版社也提供了很多指导与帮助,特别是编辑们为此付出了极多。谨在此表示衷心的感谢!

"数字媒体艺术丛书"编委会

目录

第一章　短视频艺术的概念与原理 / 001

　　第一节　短视频为何是一门艺术 / 004
　　第二节　短视频艺术与传统影视艺术的关系 / 019

第二章　短视频艺术的媒介特征 / 027

　　第一节　短视频艺术的媒介属性 / 028
　　第二节　短视频艺术的认知进路 / 034

第三章　短视频艺术的影像构成 / 045

　　第一节　空镜模式 / 046
　　第二节　动作模式 / 051
　　第三节　剧情模式 / 057
　　第四节　言辞模式 / 061

第四章　短视频艺术的传播功能 / 067

　　第一节　重建与主体的连接 / 068
　　第二节　重建与地方的连接 / 074
　　第三节　重建与生产的连接 / 077
　　第四节　重建与生活的连接 / 081

第五节　重建与历史的连接 / 082

第五章　短视频艺术的审美特性 / 085

第一节　短视频艺术的个人性 / 086
第二节　短视频艺术的表演性 / 092
第三节　短视频艺术的平民性 / 097
第四节　短视频艺术的性别偏向 / 102

第六章　短视频艺术的文化属性 / 115

第一节　作为一种生活方式 / 116
第二节　作为文化创新的空间 / 122
第三节　作为跨文化传播的新渠道 / 133

第七章　短视频艺术的社会实践 / 147

第一节　打卡：重塑地方声名 / 148
第二节　怀旧：影像资料库的价值重塑 / 160
第三节　家庭影像：情感的表达与纪念 / 167

第八章　短视频艺术的生产方式 / 173

第一节　个体：我拍故我在 / 174
第二节　MCN：职业化商业生产 / 182
第三节　算法：优质内容激励机制 / 189

第九章　短视频艺术的未来展望 / 195

主要参考文献 / 200

后　记 / 208

第一章

短视频艺术的
概念与原理

视频影像传播是人类进入互联网时代以来的重要传播现象之一。在互联网时代之前，影像传播的主要媒介是传统的电影和电视。它们依托于专门的生产机构、播放空间和播放设备，创造了人类 100 多年来的影像传播格局。随着互联网技术、数字技术和通信技术的不断迭代，影像传播逐步在网络环境中展开。人们从网上阅读文字、浏览图片，到观看视频影像；从观看视频网站上的电视节目、电影作品，到观看由普通人制作的活动影像作品；从计算机上观看视频影像，到手机上观看电视节目、电影作品。媒介的种类越来越多样，人们接触和观看影像的行为，也变得随处可见。

与此同时，影像拍摄工具也随着数字技术和影像处理技术的进步，越来越小型化、多元化、廉价化，人们通过使用数码摄像机、单反照相机、手机，很便利地拍摄、制作和传播视频影像，以至于视频影像传播成为今天几乎人人皆可为之的事情。它从根本上改变了过去那种影视传播主要由特定的机构和组织（电影制片厂、电视台、影视公司等）主导的局面。移动短视频（short video）开始逐渐步入高速发展阶段。

移动短视频最早出现于美国。2009 年 5 月，美国视频分享创业公司 Vine 正式发布短视频产品。该产品的推广目标是帮助用户即时捕捉、快速制作，并快速分享生活细节。2011 年 4 月 11 日，美国短视频平台 Viddy 面世。之后，YouTube、Facebook、Snapchat 等各大短视频平台相继出现，推动短视频行业的飞速发展。自 2013 年起，短视频开始逐渐传入中国，进入受众视野。2014 年以来，随着 4G 通信技术的应用和智能手机用户的增加，在手机上观看短视频的人越来越多，各种类型的短视频传播平台获得井喷式的发展。2016 年，短视频平台的内容创作成为热门的投资方向，催生了美拍、微视、火山、快手、抖音等一大批短视频应用平台。其中快手、抖音等短视频应用平台迅速成为人们通过手机观看短视频的重要入口。这使得 2016 年被称为"短视频元年"。

时间来到 2020 年，短视频的发展更加令世人瞩目，短视频对社会生活和经济发展产生越来越重要的影响。据《中国互联网络发展状况统计报告》显示，截至 2021 年 6 月，我国手机网民规模达 10.07 亿人，较 2020

年 12 月增长 2 092 万人，网民使用手机上网的比例为 99.6%，与 2020 年 12 月基本持平。其中，8.88 亿人看短视频、6.38 亿人看直播，短视频、直播正在成为全民新的娱乐方式。①

短视频对社会的影响是多方面的。有关研究认为，"短视频+直播带货模式"赋能新零售行业，"短视频+"成为数字时代的新零售经济；生活服务类短视频与关键意见领袖（Key Opinion Leader，KOL）带货仍是热点，美食类、美容和时尚类、生活技能类等短视频均有不同程度的发展，健康类短视频常态化走红；教育内容成为短视频内容生态的重要组成部分；智能媒体赋能非物质文化遗产（以下简称"非遗"），非遗话题引发全民互动；"短视频+"赋能电视剧话题热度和社交黏性；主流新闻借力短视频转型，短视频成为新时代媒体融合创新发展的重要推动力之一。②

当然，短视频在今天有如此大的影响力，其传播形态却并非从近几年开始出现。仅从活动影像的时长来看，短视频曾经有过漫长的变身期。

当 100 多年前，法国的卢米埃尔兄弟在巴黎的咖啡馆里放映他们自己摄制的《工厂大门》《火车进站》等电影短片时，短视频就已经诞生了。但因为它们以电影胶片为介质，所以被认为是早期的电影。后来有了电视，电视播放的很多简短的节目，也可以称作"短视频"。只是在那时，"视频"还只是一个单纯的技术名词，是一种机器之间相互连接的信号传输端口，与此并排设置的端口还有"音频"，那时的"视频"并非今天所说的视频。

到了互联网时代，人们开始称一些简短的节目为"短视频"或"微视频"，一些具有情节的节目叫作"微电影"。这些概念曾引发广泛的讨论，至今也没有达成共识。笔者认为，艾瑞咨询在《2016 年中国短视频行业发展研究报告》中关于短视频的定义较为中肯，即短视频可以被定义为一种视频长度以秒计数，主要依托于移动智能终端实现快速拍摄和美化编

---

① 刘湃. 截至 2021 年 6 月，我国手机网民规模达 10.07 亿[EB/OL].(2021-08-27)[2021-09-30]. https://www.chinanews.com.cn/gn/2021/08-27/9552424.shtml.
② 牛梦笛. 关于短视频+，你知道什么？[EB/OL].(2020-12-11)[2021-04-30]. https://life.gmw.cn/2020-12/11/content_34456011.htm.

辑，可以在社交媒体平台上实时分享和无缝对接的一种新型视频形式。①这个定义包含了三个要素：一是时长短，从几秒到十几秒、几十秒，控制在五分钟以内，都可以算是短视频；二是移动性，主要是在手机上随时可以进行拍摄、上传和观看；三是社交性，围绕着视频可以进行点赞、评论、留言、转发、复制等社会交往活动。

如今，短视频已经成为一种海量的存在，把握和认识短视频是学术研究和教材编写不可回避的重要任务。在笔者看来，正如电影有纪录电影和故事片的分野，电视有电视新闻与电视艺术的分野一样，短视频也可以大体上分为新闻性短视频和艺术性短视频。这是因为作为一种影像媒介，短视频天生就可以用来传播新闻或者进行艺术表达。当然我们也承认，即使是新闻传播类的影像，也是有某种艺术性成分的，如讲究人物塑造、叙事技巧、叙事结构等。在这一点上，短视频同文字其实没有什么不同。文字既可以用来艺术创造，如用于书写诗词歌赋、戏曲小说等，又可以用来报道新闻、记录事实。

本书以探讨艺术性短视频为主要内容，从短视频艺术的概念和原理出发，进而讨论短视频艺术的媒介特征、影像构成、传播功能、审美特征、文化属性、社会实践、生产方式、未来发展。本书既可以引导新闻传播和影视艺术专业的学生提升对短视频的理性认识，又可以让他们深入了解短视频的传播特性和未来发展趋势。

第一节　短视频为何是一门艺术

关于短视频为何是一门艺术的问题，是本书研究的出发点。这个问题的背后，暗含着短视频是一门艺术的说法可能不被认可的事实。笔者常常听到这样的言论，即短视频是肤浅的、碎片化的、没有营养的、浪费时间

---

① 艾瑞咨询.2016年中国短视频行业发展研究报告［R/OL］.（2016-09-21）［2021-04-30］.http://www.199it.com/archives/519334.html.

的，这样的事物怎么能跟人们心目中的艺术挂钩呢？其实，这样的质疑和诘问并不新鲜，今天被人们推崇的电影和电视，在诞生时也曾经有过同样的遭遇。

100多年前，在电影问世之初，许多人认为电影只是一种机械复制现实生活的"活动照相"，艺术之桂冠是无法赠予电影的。"然而，电影很快就以自己再现现实、反映生活、表达创作者生命体验和内心情感的巨大潜力和独特手段而迈入了'艺术'殿堂。"① 继电影之后出现的电视，在诞生之初也曾被艺术拒之门外。其主要原因是，人们认为电视具有信息传播的功能，是一种信息传播媒介。后来经过电视业界的不断探索，以及人们对电视艺术特性的不断认识，电视是一门艺术的事实也不再被质疑。

电影和电视的这些遭遇，说明了一个道理，即在一个新事物出现之初，因为其形式和内容简单，或制作水平不高，往往会被认为不能与代表着高雅、精致的艺术画上等号。

为了让电影和电视进入艺术的殿堂，国内外的从业者和研究者展开了许多的探索和论证。1911年，意大利电影先驱乔治·卡努杜专门撰写文章，宣告电影为"第七艺术"。在《第七艺术宣言》一文中，乔治·卡努杜将电影与建筑、音乐、绘画、雕塑、诗歌和舞蹈并列，称电影为"第七艺术"，认为电影是其他艺术样式的综合。随着人们对电影本体特征认识的逐渐加深，对多重曝光、移动摄影、特写镜头、蒙太奇等一系列电影语言系统的发现和创造，以及对电影表现手段和叙事能力的不断挖掘，那些质疑电影的艺术特性和艺术本质的声音也消失殆尽。

人们对电视属于艺术的研究同样是逐步深入的。一开始，人们认为电视是艺术，给出的理由是电视除了传播新闻信息之外，还会传播有关艺术的内容，比如播放歌舞类综艺节目、访谈类综艺节目等。后来，人们对电视媒介本体的认识逐步加深，发现电视的艺术性还表现在它的播放形式上。英国著名学者雷蒙德·威廉斯就将电视称为"影像流"，这种影像流向人们提供了感知和接触影像的新方式，甚至丰富了人们的休闲娱乐方式

---

① 杨茉，黄慧. 影视艺术概论［M］. 成都：电子科技大学出版社，2018：1.

和日常生活方式。

那么,短视频为何是一门艺术呢?我们需要从艺术的概念构成、短视频的艺术介质和短视频的传播内容三个方面来考察。

一、从艺术的概念构成来看

关于什么是艺术或者艺术是什么的讨论,在古今中外可谓是见仁见智。学者胡智锋曾经梳理了中外学者关于艺术的代表性解释:①

中国古代一般将艺术视为超越自然、改造自然的技艺和才能的表现,如"六艺"之说(孔子),有时甚至是虚幻的、超自然的术数技艺(《晋书·艺术传序》)。西方古典艺术学研究,大体沿着"唯物主义"和"唯心主义"两条路线展开。唯物主义从亚里士多德的"摹仿说"(艺术是对自然的"摹仿"),直到马克思主义经典作家的历史唯物主义、辩证唯物主义的阐释,如通过劳动、实践,而创造出来的"对象性的、现实的、活生生的存在的独特方式"等论述。唯心主义从柏拉图的"影子"说、"灵感"说,到康德的"想象力的自由游戏"说,尤其是黑格尔的"美是理性的感性显现"所引出的对艺术的判断:"艺术的内容就是理念,艺术的形式就是诉诸感官的形象"等论述。随着现代艺术的日益丰富,人们对艺术的理解和阐释,也更为多样。如克罗齐关于"艺术即直觉"的表述;科林伍德关于艺术是"想像(象)与情感的表现"的论述;克莱尔·贝尔关于艺术是"有意味的形式"的观点;弗洛伊德关于艺术是人的"本能冲动"的"转移"与"升华"等论述;恩斯特·卡西尔关于艺术是"关于事物形式的直觉""一种符号表示"的论述;苏珊·朗格关于"艺术是表现人类情感的符号形式的创造"的论述。

胡智锋认为,无论关于艺术的定义或解释有多少不同,有一些元素是艺术的基本特质。这就是主观性的、虚构的、情感性的、想象加工的、创造性的技艺的形式。在此基础上,胡智锋认为存在着一种"传播艺术",即人类一切生活领域的传播行为的艺术化处理,或艺术地实施传播都可以

---

① 胡智锋. 电视传播艺术学 [M]. 北京:北京大学出版社,2004:11-12.

被称为"传播艺术"。①

美国艺术评论家阿瑟·C.丹托从柏拉图的定义说起，也探讨了究竟什么是艺术的"普遍的属性"。柏拉图把艺术定义为"模仿"（imitation），即"看起来像是真实的东西（real thing）却非真实的东西"②。他认为，艺术与映像、影子、梦幻和幻象一样，只是一种显像（appearances）。虽然柏拉图对艺术是持否定态度的，比如他觉得艺术家画了一张桌子，只能说明他们知道桌子该如何显现。但是他们能真正地制作一张桌子吗？并不见得——而桌子的显像又有什么实际的好处呢？但是，不管怎样，柏拉图对艺术的认识还是洞见了艺术的本质属性。

18世纪，哲学家们发明或发现了美学，认为艺术贡献了"美"，艺术从此与"美"、"愉悦"和"品位"联系在一起。亚里士多德论证了戏剧是对行动的模仿。但到了20世纪60年代以后，随着艺术流派的层出不穷，艺术已经全然不是模仿了。有些艺术家也试图将"美"这个属性，从艺术中剔除。

一些美学家认为艺术不可定义，因为艺术没有普遍性，但阿瑟·C.丹托认为，艺术肯定有一些共性的特征。艺术之所以能产生强大的力量，要归功于使它成为艺术的东西，没有什么东西能够像它那样刺激精神。这个使其成为艺术的东西，就是"用各种媒介复制视觉外观"③。从这个意义上看，摄影、电影、电视一直都是致力于用各种媒介复制视觉外观的。

除此之外，阿瑟·C.丹托还认为，艺术还需要具有另外两个重要的特征：

首先，艺术作品是关于某物的，都具有一定的含义，艺术作品就是含义的呈现。也就是说，仅有外观复制、载体呈现、行为呈现还不够，还要具有一定的含义才能成为艺术。阿瑟·C.丹托进一步解释说，艺术作品是一件物品，它的一些属性属于含义，而另一些属性却不属于含义。观看

---

① 胡智锋.电视传播艺术学[M].北京：北京大学出版社，2004：13.
② 阿瑟·C.丹托.何谓艺术[M].夏开丰，译.北京：商务印书馆，2018：前言1.
③ 阿瑟·C.丹托.何谓艺术[M].夏开丰，译.北京：商务印书馆，2018：1.

者所要做的是通过理解它承载含义的属性去抓住它意图呈现的含义。例如，一张画布可能构不成艺术，但是画布上的画，通过模仿某物，并呈现某种含义，使这张画布上的画成为艺术。画布承载了一幅画，它虽然并不是含义的一部分，但它是将含义呈现出来的那个物品的一部分。一个被呈现的含义使一个物品成为一件艺术作品这个解释……可以应用于所有艺术。① 这个解释用在影视艺术上可以这样来理解，影视作品所使用的影像载体如胶片、磁带、数字信号等，或许构不成艺术，但是通过这些影像能够呈现出来某种含义，如故事、情感、思想等，使这些影像成为艺术。而要让某物看起来像某物，并能够呈现某种含义，则要求艺术家具有一定的技艺。绘画需要绘画的技艺，影视需要拍摄和制作的技艺。没有这些技艺，艺术作品便不可能产生。

其次，艺术作品都是"如梦似幻"的，而且是"白日梦"。阿瑟·C.丹托认为，小说像梦一样，戏剧也是。它们没有必要是真的，但它们可能是真的。也就是说，它们要具有某种"逼真性"。国内著名戏剧理论家谭霈生曾指出，所谓"逼真性"并不是"真实性"的同义语。"逼真性"或者说是"酷似实际生活"，或者用法国电影理论家安德烈·巴赞的话来说，叫作"几可乱真"，是有特定含义的。艺术作品中环境、人物等，如果同实际生活中的"原型"相近，甚至原物体与再现物是等同的，我们就可以称其具有"逼真性"。② 阿瑟·C.丹托认为，艺术作品的"白日梦"属性"要求我们是醒着的。梦由各种显像组成，但它们必须是世间万物的显像"③。这种"白日梦"与真正的睡梦的区别在于"它们可以被共享"，它们不是私密的（真正的睡梦是私密的），这就解释了为什么观众们会同时大笑，或者同时尖叫，因为艺术作品的意义是可以传达的，也是开放的，它允许有多种理解和解读。

至此，我们可以发现，阿瑟·C.丹托认为，一件艺术作品始终都是根据两个重要标准来定义的，即含义和呈现，此外还有一个由观看者给出

---

① 阿瑟·C.丹托.何谓艺术［M］.夏开丰，译.北京：商务印书馆，2018：33.
② 谭霈生.电影美学基础［M］.南京：江苏人民出版社，1984：333.
③ 阿瑟·C.丹托.何谓艺术［M］.夏开丰，译.北京：商务印书馆，2018：49.

的附加标准,即解释。根据阿瑟·C.丹托这个界定,我们可以说,所谓艺术,就是用各种媒介复制视觉外观,在看起来真实的东西中呈现某种含义,并可以被共享的"白日梦"。

如果用以上关于艺术概念的探讨,来对照和审视短视频,我们可以发现,短视频是采用数字影像(包括声音)来复制各种视觉外观的,以看起来真实的东西去呈现某种含义,这种含义因为传播而变得可以被共享。

与阿瑟·C.丹托提出的艺术概念不谋而合的,还有其他许多艺术家。例如,斯特恩也认为,艺术作品都具有一种"外显性",艺术的主要功能就是通过清晰的形式,展现生动的外形来创造意象。在这里,"形式"或"外形"就是"呈现",而"创造意象"是含义的表达。又如,杰哈德·里希特也说过,"艺术制造意义,并给那个意义以形状"[1]。这也是包含了呈现和含义的双重要素。

综上所述,不管根据以上哪种关于艺术概念的定义,我们都可以说,短视频具有某种形式,能够通过某种形式制造意义、创造意象,传递可以共享的"白日梦",所以理所当然,短视频可以称为一种"新型的艺术"。

二、从短视频的艺术介质来看

从上述艺术概念的探讨可以看出,艺术要想呈现意义或创造意象,都需要一个形式物或呈现物,而任何形式物或呈现物,都需要借助一种介质。也就是说,所有的艺术表达,都离不开某种介质作为载体或附着物。如绘画艺术,需要借助画布或画纸;雕塑艺术,需要借助石膏或泥土;建筑艺术,需要借助土木、石材、砖瓦等;音乐艺术,需要借助能发出声音的乐器或人体器官;文学艺术,需要借助文字和书写文字的材料;舞蹈艺术,需要借助人体;戏剧艺术需要借助舞台空间;电影电视艺术,需要借助承载声音和画面的影像。

---

[1] W. J. T. 米歇尔. 图像何求:形象的生命与爱[M]. 陈永国,高焓,译. 北京:北京大学出版社,2018:27.

对于短视频来说，其介质与影视艺术的介质并无本质的不同，即都是可以承载声音和画面的活动影像①。因此，电影和电视可以称为艺术的理由，对于短视频也依然成立，尽管比起传统影视，短视频影像以数字影像为载体，传统影视曾经以类比影像（或称"模拟影像"）为载体，而且短视频影像在时长上大幅度缩短，单个影像能够表达的内容和含义相对简单。从影像来看，短视频可以称为"艺术"的理由主要有以下几个方面。

1. 短视频依然具有影像本身的表意特性

影像不论长短，哪怕是几秒钟的单个影像，也具有复杂的表意特性。一方面，它能再现镜头前的现实，表现为时空的连续性，并且以视听结合的形式来呈现；另一方面，这种再现和记录又是依据创作者的意图进行的，是一种表现的结果。② 正是这种复杂的表意特性，让影像既可以勾连现实存在，又可以反映一种新的存在。

影像是具象化的，因为它必须对着一个具体的人或物体进行拍摄，才能获取影像。这种具象化的影像，比起文字的抽象性来说，呈现的意义相对单一，是一种"单义性的再现"。但是，观看者在观看时，会从影像所呈现的人或物体身上看到"类概念"，比如你拍摄了一棵树，观众联想到的其实是这棵树的"类概念"，从而可以让画面的意义得以延伸。这是一种用具体的物象来进行联想的一种特殊的形象思维，正是这种意义的延伸，让影像可以产生比喻、象征等表达功能。正如有学者指出的那样，影像"并非单纯地表示被拍摄的对象事物，而是使该物的影像在一个社会性的语境中起特定记号的作用……画面上影像记号组合所意指的不是在摄影机面前的具体演员和布景实物，而是由它们所代表的一些抽象的物类。导演正是利用这些'类概念'来进行形象性思维"③。例如，李子柒的短视频虽然在影像中呈现的是她一个人劳作的情形，但是在外国人看来，她代表了中国人的形象，体现了中国人这个"类概念"。

---

① 虽然有些短视频由照片剪辑而成，但是当它被剪辑、配上音乐进行播放时，就成为活动影像。也就是说，短视频并不是以静止的形态被观看的，而是以流动的形态被观看的。
② 何苏六. 电视画面编辑［M］. 北京：中国广播电视出版社，1997：43.
③ 李幼蒸. 当代西方电影美学思想［M］. 北京：中国社会科学出版社，1986：156.

影像虽然是具体的，但是影像本身在解释上具有一定的开放性。镜头再现的事物只是一种物质性的展现，本身并不能向观众指明其深刻的意义。这就使得任何一个具体画面有了多种解释的可能性。因为片段的影像记录，只是某个特定时刻的记录，并不能呈现前后的时空联系，所以这就给创作者的编码或者观看者的解读留下了空间。许多电影研究者早就提出了类似的见解。比如德国电影评论家齐格弗里德·克拉考尔就指出："银幕形象倾向于反映出自然物象中含义模糊的本性。"[①] 法国电影理论家安德烈·巴赞也多次强调，纪实性影像本身的多义性，来自它所记录的事物本身具有现实的含混性，特别是人类行为在意义上的含混性。

画面的多义性、开放性和含混性，给了观看者多种理解、解读和诠释的空间，这给围绕影像的互动提供了前提条件。因此，观看并不只是简单的消费行为，它还是"一种关系性和社会性的实践"，"所有影像都具有好几层意义，包括它们的形式面、它们的文化和社会历史指涉、它们和先前或周遭影像间的关联方式，以及它们的展示脉络"。[②] 影像含义的这种多义性和开放性，让无论是电影还是电视，都成为意义开放的文本。例如，英国文化研究学者约翰·史都瑞就引用霍奇和特里普的话指出，电视剧作为一种文化消费的对象，被认为是一个广阔而有多重意义的复合体——一套互相关联的文字与视觉意义，电视以外的意义非常强大，足以淹没电视的意义。[③] 因此，可以说，正是影像的这种多义性和解释上的开放性，让影像在本体意义上，与其他艺术门类一样获得了艺术资格。

影像的这种"类概念"的属性，让影像可以成为某种符号，获得符号性。影像就不再只是指向事件本身，还可以通过人们的大脑，成为公众关于这个社会的"精神影像"。也就是说，短视频作为一种影像，就不仅仅

---

① 齐格弗里德·克拉考尔. 电影的本性：物质现实的复原 [M]. 邵牧君，译. 北京：中国电影出版社．1981：88.
② 玛莉塔·史特肯，莉莎·卡莱特. 观看的实践：给所有影像世代的视觉文化导论 [M]. 陈品秀，吴莉君，译. 台北：脸谱，城邦文化出版，2013：57.
③ 约翰·史都瑞. 文化消费与日常生活 [M]. 张君玫，译. 台北：巨流图书公司，2002：215.

只有陈述性、直观性或者信息传达的意义，影像还具有符号性。① 这种符号性是指，当人们在短视频中频繁看到某类影像时，就会对其形成某种固化的认知，比如"网红脸""网红打卡地"或者某种特殊的"人设"形象，这些符号化的形象会进入人们的脑海中，成为想象力的素材，或者成为人们进行沟通交流的社交资源。观看者"从外部世界获得某种映像，从而将其内化到自身的内在精神图像，通过对那些可视化的形式、色彩、质料和结构的理解，这些将全部转化进人的内部世界，并纳入成为想象的一部分"②。而具有丰富的想象力，正是产生创造力的重要前提。从这个意义上讲，短视频的艺术性与传统绘画、影视的艺术性并无不同。

2. 短视频依然需要影像制作的各种技艺

一些人认为短视频不能称为"艺术"，是因为短视频看起来操作简单，人人可为，根本不需要什么技艺或审美。这其实是一种很大的误解。

短视频的拍摄和制作，并不像有人认为的那样，只要会使用手机上的拍摄和剪辑功能即可。它需要具备影像拍摄和制作的专门技巧和艺术审美的能力，主要原因有以下几点：

首先，短视频是一种影像。影像具有再现性，所有影像都是对现实世界或精神世界的再现。这种再现并非机械地复制，而是经过拍摄者的选择，涵盖了创作者的人生感受和生命体验，是其精神世界的投射与外化。"透过相机镜头创造出来的影像，总是含有某种程度的主观选择，包括取舍、构图和个人化等。"③ 任何摄影器材都有一个画框，这个画框与拍摄者所拍世界构成了一种选择关系。影像的拍摄需要在具体空间中展开，拍摄者就需要根据画框进行构图，重新在画框中组织空间、再现空间和重构空间。这种对空间布局的重构，体现了拍摄者主观意图与实现技巧，从某种意义上讲，影像的拍摄与绘画的技艺相通，都是用画框中的空间对现实空

---

① 克里斯托夫·武尔夫. 人的图像：想象、表演与文化 [M]. 陈红燕，译. 上海：华东师范大学出版社，2018：327.

② 克里斯托夫·武尔夫. 人的图像：想象、表演与文化 [M]. 陈红燕，译. 上海：华东师范大学出版社，2018：63.

③ 玛丽塔·史肯特，莉莎·卡莱特. 观看的实践：给所有影像世代的视觉文化导论 [M]. 陈品秀，吴莉君，译. 台北：脸谱，城邦文化出版，2013：27.

间进行模仿或重构，进而创造出一个能够呈现某种含义的艺术空间。在影像空间里，人与物的关系、物与物的关系、环境氛围，都会向观看者传递某种信息，或者成为某种符号，一起向观看者揭示某种概念，表达某种情绪，提示某个需要认知的领域。

当然，拍摄者在构图、光线的选取、镜头的表现力，以及在镜头中赋予画面一定意义的能力，都存在技术水平上的差异，但不能因为存在低技术水平的拍摄者，就否定高技术水平的拍摄者将短视频加工成艺术的可能性。这个道理与其他艺术一样。比如绘画，我们不能因为一些人画画时随意涂抹，就否定绘画是一门艺术。同样，我们也不能因为某些人随意拍摄的短视频缺乏美感，就否定短视频是一门艺术。

其次，短视频是一种活动影像。活动影像与固定影像（如摄影与绘画）的区别在于运动性。即使是摄影艺术，也往往体现了对某一刻运动状态的捕捉。而活动影像既捕捉了空间，又捕捉了时间。它所记录的空间，是某个时间中的空间；它所记录的时间，又是某个空间中的时间。所有活动影像所记录的，都是某个时空统一体。这个时空统一体，从完成拍摄的那一刻，就成为一种特定的历史时刻和历史场景。活动影像对于历史的再现不同于摄影照片，摄影照片指向过去，而活动影像一经播放，这个时空统一体中的场景和人物，就会像正在发生一样，出现在观看者面前。英国古典学家弗雷德里克·迈尔斯把这种现象称为"生者幻象"（phantasms of the living），即可以让人脱离肉体而"显身"，从而能够让人与人自由地进行交流。正如美国传播理论家约翰·杜翰姆·彼得斯所说，活动影像作为一种"传输性"和"记录性"兼具的媒介，既可以使人穿梭空间，又可以使人在时间中纵横穿越，甚至"使亡灵以新的方式复活再生"。[①] 英国艺术史家约翰·伯格曾在探讨电影的活动影像与绘画影像的区别时指出，"电影的影像是移动的，而绘画的影像却是静止的。这一区别改变了我们与我们观看影像的场所之间的关系"[②]。他认为，绘画的影像把它所描绘的

---

① 约翰·杜翰姆·彼得斯. 对空言说：传播的观念史 [M]. 邓建国，译. 上海：上海译文出版社，2017：210.

② 约翰·伯格. 约定 [M]. 黄华侨，译. 桂林：广西师范大学出版社，2015：9.

东西传送到此处（here）和当前（now），它收集了世界，然后带回家。而当我们观看电影的时候，我们是被带到电影院的外面。"因为画面是移动的，电影带着我们离开我们当前的所在，来到故事发生的现场……绘画把场景带回来。电影则把我们带往别处。"① 约翰·伯格这里所说的电影，主要是指具有活动影像特征的艺术形式。那么，短视频作为一种活动影像，也能将我们带离当前的所在——不管我们身在哪里。只要我们拿起手机看短视频，就立刻会被带离身体所在的场所，从而进入短视频里呈现的人物或景物所在的地方。比起电影，我们通过短视频"被带往别处"的频率大大增加了，所以也造成了对身体所处空间和周围人的影响。

当然，短视频的活动影像的制作过程与电影和电视影像的制作过程相比，显得较为简单，且门槛较低，但是，一个简单的活动影像镜头的拍摄，也需要知道构图、角度、运动、速度、起幅、落幅等专业知识，才能拍出一个符合人的视觉习惯和审美要求的内容。哪怕是一个固定镜头（镜头静止不动的活动影像）的拍摄，也需要摄制者知道人物的位置、关系及走位等基本的场面调度知识；哪怕只是进行几个镜头的简单组接，也需要懂得一些声音和画面的剪辑技巧，如蒙太奇技巧。这些都是带有专业性的技巧，掌握了这些技巧的摄制者，其实就已经进入影像制作的艺术门槛了。

最后，短视频是一种数字化的活动影像。数字影像与传统影视的影像最大的不同主要有两点：一是记录介质是数字化的；二是数字影像的可修改性、可变造性更强。

威廉·米切尔曾经指出，数字影像的出现，解构了影像与现实或真实之间的联系。在传统摄影时代，相机在宣传其可信度时具有一种不屈不挠的韧性：就像苏珊·桑塔格所说的，"一张照片可作为某件发生过的事情的无可置疑的证据"②。尽管影像的拍摄体现了一种主观选择性，但是自摄影诞生以来，就因其"机器的客观性（objectivity）氛围仍旧牢牢黏附在

---

① 约翰·伯格. 约定［M］. 黄华侨，译. 桂林：广西师范大学出版社，2015：10-11.
② 威廉·米切尔. 重组的眼睛：后摄影时代的视觉真相［M］. 刘张铂泷，译. 北京：中国民族摄影艺术出版社，2017：39.

机械性和电子性的影像上"①，这与19世纪以来的实证主义哲学合拍，影像由此被认为与真实性联系在一起。尽管这样，影像的真实性仍屡遭质疑，但它作为真实记录和文化证据的特征并未消失。

但是，到了数字影像时代，由于数字影像的可修改性和可变造性，影像与现实之间的那种联系变得松散。而且，从传统意义上讲，影像生产者和消费者之间的区别已经完全消失了。在这样的媒介环境下，不能再依靠原来的评判影像价值的视角来看待数字影像，而需要引入新的视角来审视数字影像的价值。正如威廉·米切尔所说，"数字影像需要一套新的标准"来评判其价值。"我们最好既不要将数字影像视为仪式物（就像宗教绘画所起到的作用），也不要视为大众消费品（就像瓦尔特·本雅明的著名分析中的那些照片和印刷影像），而是作为信息碎片，今天在遍布全球的高速网络中散播，可以像DNA一样被接收、转换和重组，从而形成新的具有自身动力和价值的智能结构。"② 威廉·米切尔据此提出，"机械复制影像的展示价值取代了膜拜价值，数字成像则又以一种新的使用价值——输入价值，也即计算机处理影像的能力——取代了展示价值。数字复制时代正在接替机械复制的时代"③。

虽然，威廉·米切尔所说的"输入价值"取代了"展示价值"主要是针对静止的数字影像而言的，但是，对于我们认识短视频艺术的新价值，也具有重要的启示意义。

与静止的数字影像所不同的是，作为活动影像的短视频，并没有完全失去影像与现实之间的那种联系。虽然我们知道，很多短视频影像借助剪辑软件，可以随意更改和变造，但是影像所具有的那种"客观性的遗产依

---

① 玛丽塔·史肯特，莉莎·卡莱特. 观看的实践：给所有影像世代的视觉文化导论［M］. 陈品秀，吴莉君，译. 台北：脸谱，城邦文化出版，2013：27.
② 威廉·米切尔. 重组的眼睛：后摄影时代的视觉真相［M］. 刘张铂泷，译. 北京：中国民族摄影艺术出版社，2017：75.
③ 威廉·米切尔. 重组的眼睛：后摄影时代的视觉真相［M］. 刘张铂泷，译. 北京：中国民族摄影艺术出版社，2017：75.

然紧紧黏附在照相机和今日用来生产影像的机器之上,和我们的意识不断拉扯"①。也就是说,虽然我们不再把活动影像的真实性当作某种事物的特性,但是,活动影像依然多多少少是在真实的时间和真实的空间里拍摄的,因此我们会在某种客观性和主观性之间,寻求观赏短视频的趣味和意义。

从这个意义上讲,短视频的生产不仅需要掌握传统影视拍摄的技巧,还需要掌握根据数字影像特性进行变造、更改、修饰、美化等新的能力。这种新的技巧和能力,决定了短视频具有开创全新艺术风格和艺术价值的潜在能力。

三、从短视频的传播内容来看

曾经电视艺术成立的一个理由,是电视不仅传播了各种艺术门类的作品,而且还使这些作品被冠以新的艺术形式。如戏剧进入电视之后,出现了新的电视艺术类型——电视剧;舞台表演进入电视之后,出现了新的电视艺术类型——综艺节目。与电视艺术类似的是,短视频的内容也记录了在它之前出现的绝大多数艺术形式,或者说,人类绝大多数艺术形式都曾出现在短视频中,而且,短视频也在对这些传统的艺术形式进行新的形塑。

1. 短视频艺术的内容涵盖了以往绝大多数艺术形式

人们通常将绘画、雕塑、建筑、音乐、文学、舞蹈、戏剧、电影称为"八大艺术"。那么,可以说,这八大艺术门类绝大多数成了短视频的传播内容。

仅以短视频平台之一的抖音 App 为例。截至 2019 年 7 月,抖音平台上已有绘画、雕塑、建筑、音乐、舞蹈、电影等艺术门类的视频内容。相关的短视频数量已达到 1.09 亿条,累计播放量超过 6 081 亿次,点赞量

---

① 玛丽塔·史肯特,莉莎·卡莱特. 观看的实践:给所有影像世代的视觉文化导论[M]. 陈品秀,吴莉君,译. 台北:脸谱,城邦文化出版,2013:29.

超过201亿次，转发分享量超过3.9亿次，评论量超过7.7亿次。① （图1-1）

图1-1　2019年7月，抖音平台艺术类短视频的数据

这些统计数据得出的结论与我们日常生活中的观看体验基本吻合。当我们在刷抖音时，几乎每次都可以刷到这些艺术形式的表演，如唱歌跳舞、武术表演、乐器弹奏、时装走秀等短视频，绘画书法、曲艺表演等短视频也层出不穷。那些身怀绝技的年轻人以短视频作为表演平台，展现了自己从事各种艺术活动的身体影像。还有许多非遗项目，如昆曲、顾绣、木雕等，也都以短视频的方式广泛传播。随着短视频使用人群从年轻人向各年龄段扩展，中老年人和中小学生也都加入各种类型的艺术表演活动中，让短视频平台不仅成为一个艺术大比拼的舞台，也成为一个影像艺术展演的万花筒。

2. 短视频艺术正在创造许多新的艺术内容

不仅传统艺术在短视频中全面复活和广泛传播，而且短视频还结合数字影像技术与传统艺术的混搭（图1-2），创造了许多新的艺术形式。

图1-2　短视频与传统艺术的混搭
（资料来源：抖音截图）

在2018年的"5·18"国际博物馆日上，唐三彩胡人化身震感舞者跳

---

① 梁小度.抖音新定义：第九大艺术[EB/OL].（2019-12-18）[2021-04-30].https://www.sohu.com/a/361172993_120216093.

起了拍灰舞,兵马俑表演了一段说唱,人面纹方鼎一双电光眼威风凛凛……一些网民尖叫着反复观看了多次。或傲娇,或精美,或呆萌,这些严肃的文物变成了可爱的文物"宝贝",瞬间成了"网红"。这是抖音与中国国家博物馆、湖南省博物馆、南京博物院、陕西历史博物馆、浙江省博物馆、山西博物院、广东省博物馆七大博物馆合作推出的短视频。尽管短视频的时长只有1分54秒,但播放量已破亿次。

短视频对于新媒介技术的创造性使用,让影像创新成为一种新的社会时尚和风潮。在短视频中,从早期的汽车变形金刚,到人物腾空飞舞,再到各种电影特技,新媒介技术的使用几乎随处可见。一些影像生产的专业技术人士纷纷下场"炫技",让短视频平台成为展示影像技术的街头表演广场。这种借助数字影像技术而形成的影像创新时尚,也影响到传统电视媒体机构在影像艺术创新方面的热切追求。

图1-3 《唐宫夜宴》

以2021年河南卫视的春节联欢晚会(以下简称"春晚")为例。2021年的春节前夕,河南卫视创作的春晚节目在除夕前夜播出后,很快在网络上受到网友的热捧,其中以《唐宫夜宴》(图1-3)为代表的节目,利用虚拟现实(Virtual Reality,VR)及增强现实(Avgmented Reality,AR)等新影像技术,与传统唐三彩艺术相结合,创作出了既包含传统文化,又具有现代情趣的舞蹈节目,从而成功实现了"破圈",在社交媒体上被广泛传播,受到了人民网的高度评价,称赞它是"从传统画卷中奏出的文化强音"①。

---

① 鲁婧.《唐宫夜宴》舞翩跹 从传统画卷中奏出的文化强音[EB/OL].(2021-02-16)[2021-04-30].https://m.people.cn/n4/2021/0216/c32-14844237.html.

从这个例子中可以看出，短视频艺术除了在艺术内容和艺术形式方面会形成独特的艺术风格之外，还会通过其广泛传播的特性，使当今社会形成对影像艺术的一种新的审美趣味和审美时尚。短视频不仅从内容上反映和再现了以前的各种艺术门类，而且以一种全然不同的方式介入当今社会的艺术创造活动和现实创造活动之中，成为艺术创作的重要方式。

第二节　短视频艺术与传统影视艺术的关系

作为一种新的媒介艺术形式，短视频艺术既有对传统影视艺术的传承和联系，又有自己的独特和新颖之处。因此，将传统影视艺术与短视频艺术进行对比，既可以让我们更好地认识短视频艺术，又可以让我们更好地认识传统影视艺术。这就像马歇尔·麦克卢汉所说的"后视镜"（rear-view mirror）效应："我们透过后视镜看现在。我们倒退走步入未来。"[1] 保罗·莱文森解释说，后视镜作为一种暗喻，把我们向前看的注意力倒过来，引向刚刚过去的东西。"如果我们死死地盯着前方不动，眼睛里看不到、脑子里想不到我们来自何方、曾经去过何方，我们就不可能知道正在向什么地方前进。"[2] 换句话说，理解新媒介离不开关注旧媒介。

一、短视频艺术对传统影视艺术的传承与联系

W. J. T. 米歇尔指出，马歇尔·麦克卢汉曾说过一句著名的话，媒介的内容总是另一种媒介。不过他弄错了一点，所谓"另一种媒介"，必须是一种"更早的媒介"。事实上，一种新的媒介可能在一种更古老的媒介中"筑巢"。[3] 根据这样的观点，可以说，传统影视艺术构成了短视频艺术

---

[1] 马歇尔·麦克卢汉. 媒介即按摩：麦克卢汉媒介效应一览[M]. 何道宽, 译. 北京：机械工业出版社, 2016：73.

[2] 保罗·莱文森. 数字麦克卢汉：信息化新纪元指南[M]. 何道宽, 译. 北京：社会科学文献出版社, 2001：251.

[3] W. J. T. 米歇尔. 图像何求：形象的生命与爱[M]. 陈永国, 高焓, 译. 北京：北京大学出版社, 2018：235.

的内容，或者说，短视频艺术的内容绝大部分来源于传统影视艺术。

从短视频的观看体验中，也可以证实上述这一点。

首先，短视频艺术中有相当一部分内容是对影视艺术节目的重新剪辑。由于数字技术的出现，电影和电视剧摆脱了胶片或磁带等物质载体的束缚，被转换成数字信号在网络空间里进行传播，那么自然也可以被下载，并放在计算机或手机的非线性编辑软件里，以数字视频的方式被重新剪辑和编创。一些热播的或经典的电影和电视剧，被网友们或专门的短视频机构拆分、重组，剪辑成一个个较短的片段，短的有几十秒，长的有几分钟，重新分发到各个短视频平台，特别是手机 App 上，以满足人们进行碎片化观看的需求。当然，这种对传统影视节目的重新剪辑和碎片化的传播，可能会涉及版权问题，需要相关部门依照法律法规予以规范。

例如，在抖音等短视频平台上，一些热播的新剧可以在上面反复地播放；一些年代久远的影视剧也可以通过新的方式与年轻一代观众见面。由于手机中抖音等短视频是自动循环播放的，这些被剪辑成片段的影视情节，也可以高频出现，从而加强观看者"追剧"的新体验。这种新型的影视剧观看模式充分地说明，时长较长的影视剧也可以被制作成一个个情节连缀和组接的短视频。

其次，短视频艺术生产沿用了影视艺术生产的方式。虽然有些短视频可以通过动画等方式进行呈现，但是就目前来看，绝大部分短视频的内容还是由影视拍摄设备和剪辑设备制作出来的。也就是说，从生产环节来看，策划、导演、表演、拍摄和剪辑，以及灯光、录音、服装、道具、化妆等，仍然是短视频的主要创作方式和技术手段。虽然对一些个体短视频创作者来说，这些环节并没有影视专业人士来把控，但即使是一个人的团队，他（她）也需要懂得这些基本的影像生产方式和环节及其对于影像艺术效果的重要影响。更何况，随着短视频艺术的观看者队伍和消费市场的不断壮大，专业的影视机构和影视专业人士也纷纷下场，进入了短视频艺术的生产领域，组建了专门的短视频艺术生产企业，如多频道网络（Multi-Channel Network，MCN）公司等，极大地提升了短视频内容生产的专业水准和艺术水平。这些高水平的短视频艺术，沿用的恰恰是影视机构提供的专业的拍摄基地、专业的拍摄者、专业的表演者，以及专业的服装、道具、化妆、剪辑、调色、合成、包装等。

最后，影视艺术创造的各种拍摄和剪辑规则，在短视频艺术中依然适用。自电影发明以来，人类对影像语言的语法规则进行了不断的探索，从大卫·格里菲斯到苏联蒙太奇学派，从齐格弗里德·克拉考尔到安德烈·巴赞，以及后世的诸多电影导演和电影理论家，探索出了丰富的电影理论，其中包含了影像艺术创造的各种语法规则和美学信条。自电视诞生以来，电视逐渐找到了自己的本体特征，以及与电影艺术的不同，形成了属于电视艺术的语法规则。这些语法规则包括拍摄技巧和剪辑技巧，遵循着人类的视觉习惯和文化语境，提升了人们的观看素养和审美能力。那么，这些观看素养和审美能力，必然会被带入短视频艺术的创作中。例如，在拍摄短视频时构图、光线、角度等的使用，在剪辑时蒙太奇原理、轴线规则、转场方式的运用，等等。这些都是短视频艺术依然需要遵循的操作规则。

二、短视频艺术对传统影视艺术的发展与创新

除了上述短视频艺术对传统影视艺术的传承之外，短视频艺术还在诸多方面，实现了对传统影视艺术的发展与创新，创造出了不同于传统影视艺术的新的创作主体、创作作品、创作目标、观看方式和观看体验。

1. 艺术的创作主体不同

传统影视艺术的创作主体大多以专业的机构、企业为主导。电影公司、电影制片厂等机构主导着电影的生产，它们以一种工业化的方式组织生产方式、投资方式和销售方式。从业人员大多接受过专业的训练或培训，从事制片、导演、摄影、表演、灯光、录音、服装、道具、化妆等工种的工作人员大多是科班出身，或者有条件长期待在电影生产的现场和环境之中，耳濡目染、偷师学艺，渐渐成长为专业人士。而普通民众几乎没有机会参与，甚至没有机会接触电影的生产过程和生产场域。

自电视诞生以来，电视节目的生产也是由传统媒介机构垄断经营，无论是美国的商业电视体制，英国、日本的公共电视体制，还是中国的国有

电视体制，电视节目的生产都集中在电视台等传统媒介机构中。普通民众参与电视节目生产的方式，大多是以受访者、出场嘉宾和现场观众的角色出现，至于电视剧，普通民众几乎没有参与生产的可能。

而短视频艺术的创作主体与传统影视艺术的创作主体有着巨大的不同。由于数字技术的发展，短视频的拍摄设备越来越多样化，操作形式也越来越便捷化。数码摄像机、单反照相机、微型单反照相机的价格已经为普通民众所接受，而智能手机的出现则让拍摄变得人人可为。镜头像素、拍摄功能及内存的大幅度提高，让影像拍摄不再受到存储设备的限制，影像拍摄按钮的设计越来越简单，人们只要掏出手机，就可以随时随地拍摄，拍摄活动影像已经成为普通民众记录日常生活的主要方式。短视频艺术的创作主体，已经从电影公司和电视媒体机构转变为广大的普通民众和由短视频应运而生的新型影视公司、广告公司、MCN 机构等专门性企业，几乎涵盖了从用户生产内容（User Generated Content，UGC）到专业生产内容（Professional Generated Content，PGC）的多元创作主体。

2. 艺术的创作作品不同

传统影视机构的影视艺术作品因为篇幅较长，可以容纳具有一定深度的内容，比如具有历史底蕴的长篇故事，所以在创作倾向上偏重宏大叙事，且多为大投入、大制作的鸿篇巨制。即使是以某个人物为主角，也是为了通过他（她）反映某个时期的时代背景和社会风貌，其带来的影像再现和视听冲击具有某种公共性的特征。即使是商业性很强的影视艺术作品，也往往为了追求票房或收视率、广告收入的最大化，而把反映普遍趣味和社会主流意识作为其谋利的手段。因此，传统影视艺术作品具有较多的社会性和公共性。

而短视频艺术的创作作品则与之有着较大的不同。短视频由于碎片化、时长短、体量小，因而在表现宏大叙事方面存在不足；而且其创作主体主要是个体，或者小型团队、企业，基本上以表现自我为核心。也就是说，短视频艺术创作的作品大多是个体自我影像的呈现，即关于日常生活的记录，或者某种艺术活动的表演。例如，某个面容姣好、身材绝佳的女子在某个景点翩翩起舞，或是像走 T 台一样在街头行走，抑或是在家中弹奏着乐器、从事某种健身活动，等等。这些作品都是一些从事艺术表演活动的个体身体影像的展示。他们拍摄的内容没有复杂的情节，也没有什么深刻的思想，有的仅仅是对艺术活动之美的日常展演。一些商业性的"网红"视频，也是努力通过打造"人设"来实现广告变现或带货获利的。而这种"人设"也是以某个个体为基础，目的是将其打造成可以黏合粉丝的载体，而不是为了表达具有宏大主题的内容。

3. 艺术的创作目标不同

传统影视艺术的创作，一般是出于某种深刻思想或强烈情感的表达，或是对于人生、社会或历史文化的反思。即使是家庭伦理电视剧，也会通过剧情演变和人物命运，表达对家庭伦理的思考和讨论。近十几年来，逐渐崛起的电视真人秀类综艺节目，也是通过媒体平台讨论社会问题，如江苏卫视的相亲节目《非诚勿扰》；或是通过人物行为揭示家庭教育中角色缺失的现象，如湖南卫视的亲子互动真人秀《爸爸去哪儿》；抑或是通过节目彰显一些人物的性格、特点、特长等，并将其打造成某个公众人物，如湖南卫视的选秀娱乐节目《超级女声》、浙江卫视励志专业音乐评论节目《中国好声音》；等等。

而短视频艺术的创作，与这些传统影视艺术的目标不尽相同。不可否认，短视频艺术的创作也存在某些个体或机构。这些个体或机构想通过创作和传播作品把某个个体塑造成"网红"，从而实现其商业目的。但是，对大多数短视频艺术的创作者而言，他们虽然希望自己的短视频能够获得更多的播放量、点赞量、转发量，但是这些并不仅仅是他们所追求的目标。数以万计的短视频艺术的创作者，不仅为了娱乐，为了使自己的日常生活审美化，还为了记录生活，让影像成为生命记忆和美好生活的体验。这样的创作目的，才是短视频艺术生产的常态，而这在传统影视艺术中是很难想象的。

4. 艺术的观看方式不同

传统电影的观看方式是通过电影院的放映机播放，观众坐在影院观众席上观看；传统电视的观看方式是电视节目通过固定在客厅或起居室的电视机播放，观众坐在家中的沙发上或床上观看。传统影视艺术依赖于特定的观看渠道和观看空间，观众无法进行留言互动，他们的观看感受只能通过其他渠道，如在报纸、杂志上发表文章，或者在互联网上以讨论的方式展开。

短视频艺术的观看方式主要是通过手机屏幕观看，其播放设备摆脱了具体的空间束缚，实现了随时随地的观看。人们从专注于影视情节、视听内容，变为刷屏式浏览短视频内容，从而获取源源不断的信息。同时，人们遇到喜欢的短视频内容，还可以点击短视频下方设置的各种互动按钮，进行点赞、转发或留言、评论。这种互动方式方便快捷，人们通过输入文字就能进行交流和互动。而观看别人的留言、评论，也是观看短视频内容的重要乐趣之一。

5. 艺术的观看体验不同

传统电影的观看体验是沉浸式的，观众坐在电影院里，与周围的很多人同处一个观影空间，需要遵循一些基本的公众场合礼仪，如不可大声喧哗、须关闭手机铃声等；电影开演后，全场灯光熄灭，周围变得一片漆黑，只有大银幕上闪烁着炫目的亮光，这是一种特殊的观看体验。电影的屏幕很大，以至于电影里人物的形象被放大，形成一种压迫效应和仰视效应。电视的观看体验是家庭式的，也是愉快的。人们在观看时，家里的环境是明亮的，电视机的屏幕比电影的屏幕小了很多，电视里的人物形象没有被放大，与电视机前的观众形成了一种平等的关系。

短视频艺术的观看体验与影视的观看体验有着巨大的不同。由于手机观看的屏幕一般仅有一只手掌大小，屏幕里人物形象被缩小，因而观看者是以一种俯视的姿态来观看短视频内容里的人物。同时，因为观看者是在碎片化的时间里进行观看，所以他们不大可能接受复杂的内容和冗长的情节。与此同时，手机常用的竖屏模式改变了屏幕画框的格局，缩短了屏幕画框的长度，拉长了屏幕画框的宽度。这种竖屏模式不适宜表现宏大的场景，而适宜表现竖长的物体（如人体），以及在高度上有纵深感的空间（如重庆的城市风貌）。

综上所述，短视频艺术与传统影视艺术的关系，有传承，也有变革。

认识和理解二者之间的联系和不同,才能让我们更好地认识短视频艺术的特征和功能。雷吉斯·德布雷在讨论媒介的演化时曾说,"摄影不是次级的绘画,同样,电视也不是缩小的电影,而是另一种图像"①。那么,借用他的说法,我们也可以说,短视频艺术不是次级的影视艺术,也不是缩小的影视艺术,更不是影视艺术在网络上的延伸,而是另一种新的艺术。

---

① 雷吉斯·德布雷. 图像的生与死:西方观图史 [M]. 黄迅余,黄建华,译. 上海:华东师范大学出版社,2014:246.

第二章
短视频艺术的媒介特征

任何一种艺术只有通过传播，才能实现其各方面的价值。所有的传播都需要借助一定的媒介，而媒介并非只是一种中介性的载体。一种艺术依赖于其附着的媒介进行传播，这种媒介的特征也会反过来形塑该类艺术的特征，决定着该类艺术的价值支点。这正是马歇尔·麦克卢汉所说的"媒介即信息"的深刻内涵。

从本体上看，短视频属于一种数字新媒介影像，因而兼具两种基本的本体属性，即数字影像属性和新媒介属性。这种数字影像属性和新媒介属性，共同形塑了短视频艺术的媒介特征，同时也构筑了短视频艺术不同于传统影视艺术的价值支点。

第一节　短视频艺术的媒介属性

一、短视频艺术的数字影像属性

短视频艺术是伴随着数字技术和 4G 传输技术出现的一种影像艺术类型。从媒介属性上看，短视频艺术具有数字影像属性，它属于一种新媒介影像。而新媒介影像是基于数字信号的传输而进行采集和加工的影像。

在新媒介影像出现之前，传统影视艺术都是基于传统模拟信号的传输而进行采集和加工的影像。例如，电影影像的信号载体是胶片，电视影像的信号载体是录像磁带。这些信号载体让传统的电影和电视媒介有着强烈的物质性特征。一旦记录着传统影视艺术内容的物质载体（胶片或录像磁带）出现磨损、腐蚀、变形或磁粉脱落的现象，则传统影视艺术的内容也将随之不复存在。特别是电视录像磁带，转录复制一次，信号就要衰减一次，当经过多次转录复制之后，其信号质量比原版素材的信号质量会差很多，在视觉观感上就会出现画面清晰度严重降低的现象。

短视频的影像基础是数字影像，其影像信号的记录都是基于二进制的数字字节。在拍摄设备里，电子感应器和储存影像的微晶片取代了信号载体——胶片或录像磁带，影像存储在时间码流中，随时可以删除。在数字影像中，没有了模拟影像那种"原版"或"底片"的概念，这些数码影像可以任意复制到任何一个记录介质上，例如，从移动硬盘复制到其他计算机硬盘或U盘上，信号不会有任何衰减。这种高度的可复制性，也使数字影像处理技术达到新境界。借助影像处理软件，人们不仅可以很方便地对影像进行编辑，调整其构图、框架和色彩，还可以将某些元素与画面结合在一起。这也促使数字化时代的影像生产日益成为日常生活经验的一部分。

随着数字化影像技术的迅猛发展，电影、电视艺术也逐步采用了数字信号来记录、存储和播放影像，但是这些数字化的影视艺术并不能称为一种"新媒介影像"，因为除了介质之外，决定影像是属于新媒介影像还是属于旧媒介影像的还有影像的传播渠道和载体。旧媒介影像以实体空间或闭路线网为传播渠道和载体，如电影院和有线电视网络；新媒介影像则以互联网和移动互联网为传播渠道和载体，人们利用计算机和手机随时可以根据影像内容的观看感受进行输入性参与，而弹幕、留言、评论、点赞、转发等功能的出现，也让新媒介影像的互动性和社交性得以凸显。

从这一点上看，即使当电影、电视以互联网为传播渠道和载体播放影像，它们依然不能算是新媒介影像，而且旧媒介影像与新媒介影像还有着天壤之别。旧媒介影像以单向传播为主，内容不能互动和协商。这也就是传统电视媒体机构开发、运营手机App的原因，如"央视频""看苏州"等。目前，大多数人还是没能养成对电影、电视高频率观看的习惯，这是因为围绕其内容的互动和社交还没有形成良好的用户体验。

而新媒介影像从一开始开发、运营手机App，就是以社交、互动为主导，内容可以协商确定，这一点在视频直播中表现得最为明显。短视频内容的生产虽然也是以创作者为主导，但是当他（她）将作品上传并发布到短视频平台之后，紧接着就是别人与他（她）的互动交流，他（她）会挑选自己喜欢的评论进行回复，而其他人也可以对他的回复进行再评论，进而形成了围绕短视频内容而进行的对话和交流。

从以上分析可以看出，短视频艺术所附着的新媒介影像，是以数字信号为介质、以互联网为传播渠道和载体、具有社交互动性质的影像。这是一种全新的影像艺术形态，它有着自己独特的媒介特征。

二、短视频艺术的新媒介属性

除了数字影像属性之外，短视频艺术还与新媒介之间有着密切的联系。新媒介所具有的媒介特征都直接地形塑了短视频艺术。正如有学者所指出的那样，短视频与电影、电视影像的不同，不仅在于它的时长之短和技术的灵便性，更重要的是，它还与移动网络关联。短视频是一种典型的新媒介影像[①]。作为一种新媒介影像，短视频艺术也就天然地具有新媒介的所有媒介特征。具体包括以下几个方面。

1. 互动性（interactivity）

互动性是短视频的首要特征，也是其作为一种新媒介的首要特性。不同于网络视频直播那种在影像传播过程中的互动，短视频艺术的互动性来自围绕着短视频所建立起来的各种功能，如关注、点赞、评论、转发、复制、拍同款等。这些功能都指向了短视频艺术传播的主要目的，那就是"为互动而影像"。由于互动性的存在，它既形塑了创作者的创作期待，又形塑了观看者的观看期待。创作者会去琢磨制作怎样的短视频内容和怎样制作短视频内容才能有更高的互动性、更高的关注度、更高的点赞量和更高的评论量等，这些指数是短视频创作成功程度的表征，能提升创作者的自信。观看者会把这种互动当作一种乐趣，并在欣赏这些互动的文字时会心一笑，或者投入评论的场域中，获得一种参与感和认同感。

2. 社交性（sociality）

所谓社交性，是指短视频艺术影像传播的主要目的在于社会交往，而社会交往的主体往往以个人面目出现，以个体方式实现与观看者交流的效果。对短视频创作者而言，他（她）所面对的社交互动者是社会大众的象征。短视频创作者通过短视频艺术讲述自己的故事，把自己的日常生活和表现转换为一种景观，并试着与这个世界对话。在这个过程中，他们完成了自己的社会化。短视频创作者在阅读他们的"粉丝"或"路人"的评论

---

① 孙玮. 我拍故我在 我们打卡故城市在——短视频：赛博城市的大众影像实践[J]. 国际新闻界，2020（6）：10.

时就仿佛在聆听社会的声音，他（她）会以为这些说话的人代表了社会，从而使"社会对个人的感情提升了个人对自己的感情"①，他（她）从这些感情中体会到社会对自己的感情。短视频创作者若能够持续地更新高质量的短视频内容，让自己成为被喜欢的人，从而黏合众多的"粉丝"，这就可以为其带来某种社会声望和文化资本。

3. 移动性（mobility）

移动性体现在生产和观看两个环节。在传统影视时代，无论是电影拍摄装备还是电视拍摄装备都比较笨重，移动起来比较困难，因此需要建设电影制片厂或电视台作为影像拍摄和制作的专门场地。在外景拍摄时，导演和摄影师需要先反复考察外景拍摄地，确定具体的拍摄场景和拍摄时间，才可以调动设备、演员和其他工作人员到现场进行拍摄。对于电视来说，除了需要卫星直播车之外，还需要一台大型的电视转播车来装载和调运各种设备。电视转播车出动一次需要高额的成本，所以只有在重大新闻事件的报道中才会被移动到特定的位置进行使用。这些都说明，传统影视艺术内容的生产需要耗费大量的人力和物力才能完成。而到了新媒介影像时代，随着拍摄设备的小型化、轻便化、随身化，使短视频艺术的生产摆脱了特定生产场地的束缚，从而让拍摄、制作、传播都能够随时随地地进行。

从观看的角度来看，在新媒介影像时代下，人们的观看行为不受时间和空间的约束，人们观看短视频艺术变得更加自如。只要手机信号正常、流量够用，人们无论走到哪里，掏出手机点开某个短视频 App，就可以开始观看了。

4. 具身性（embodiment）

具身性的概念来自认知科学和技术哲学领域。所谓具身性，是指技术或媒介与人的身体相互融合，成为一个共同的主体。它是相对于离身性（disembodiment）的概念而言的。离身性的概念认为，人们的认知在功

---

① 尼克·库尔德利. 媒介、社会与世界：社会理论与数字媒介实践［M］. 何道宽，译. 上海：复旦大学出版社，2014：93.

能上是能够脱离人的身体而独立存在的。例如，柏拉图试图将世界区分为感性世界与理念世界。感性世界是人们通过身体的感官活动，如视觉、听觉、触觉等来认识的；理念世界则须经由灵魂的理性能力才能了解，理念世界在本质上高于感性世界。17世纪，法国哲学家笛卡尔的著名格言"我思故我在"，也论述了身体与心灵的二元存在。然而，如果把一切归结为精神，世界被观念化，人就成为一个超然的意识主体；如果把一切归结为物质，人就成为机器。①

随着人们对离身认知困境的反思不断深入，具身认知（embodied cognition）开始逐渐受到更多的重视，被视为"第二代认知科学"研究的新进路。"第二代认知科学"的标志性理论是，身体是心智的基础，身体在人类认知及相关社会活动中具有首要作用。人们逐渐意识到，将人的认知活动单纯归结到反思意识的符号思维水平，这不仅是极为片面的，而且是有害的。②具身认知认为，身体是心智表现的最初样式，是我们接触、介入、认识和拥有世界的枢轴。具身认知的思想来源于约翰·杜威和莫里斯·梅洛-庞蒂的贡献。比如约翰·杜威认为，我们的身体经验（bodily experience）是我们能够"意谓""思考""知道""交流"的基础。莫里斯·梅洛-庞蒂认为，"身体最为直接地'在世界中存在'，'身体本身在世界中，就像心脏在肌体中'。'不通过身体的经验，就不可能理解物体的统一性'，'物体的综合是通过身体本身的综合实现的'，而对于外部事物的知觉'直接就是我的身体的某种知觉'"③。

以短视频和视频直播为代表的数字影像媒介技术为每个主体提供了新的实践方式，也提供了新的体验和认知方式。短视频拍摄和观看的技术设备可以随着人们移动和探索而随时为人们所使用。人们通过短视频媒介技术参与具身化的实践过程，人与影像技术实现了融合和互构。数字影像技

---

① 叶浩生. 身心二元论的困境与具身认知研究的兴起 [J]. 心理科学, 2011 (4): 999-1000.
② 李恒威, 黄华新. "第二代认知科学"的认知观 [J]. 哲学研究, 2006 (6): 93.
③ 於春. 传播中的离身与具身：人工智能新闻主播的认知交互 [J]. 国际新闻界, 2020 (5): 40.

术延伸了人对世界的感知，成为人进行自我表达的工具；同时，人通过影像技术将自我延伸，并建构于新媒介影像空间中，形成一种影像具身化的新型自我。

5. 位置性（positionality）

所谓位置性，是指影像拍摄者和观看者的身体与地理位置之间的关系。在传统影视艺术中，影像拍摄的地理位置一般不会显示在影像内容之中，影像中的空间是一个由不同时间和不同地点所拍镜头组合起来建构的虚构空间，因此影视剧常常会虚构一个故事发生地，或者隐去拍摄地。同时，拍摄者的身体与地理位置之间也没有什么特别的关系，拍摄者只是为了在某个地理位置获取影像而已。而且，传统影视艺术观看者的身体也是被局限在电影院中和电视机前，而地理位置也属于特定的场所。

短视频艺术的拍摄者和观看者的身体与地理位置之间的关系，与传统影视艺术有着根本不同。拍摄者可以在影像中通过各种手段建立与地理位置之间的联系。一是拍摄者可以在视频影像中用"位置符号"功能明确地标出影像拍摄的地理位置；二是短视频影像中会呈现出拍摄者身处的地方背景，将自己置身于城市或乡村的某个街头或公共场所之中。他们会有意选择人群聚集地或者某个景区作为拍摄背景，为的是突出自己与拍摄场地之间的关系。人的身体与地理位置之间形成共同的符号表达，一旦离开了地理位置，人的身体影像也就失去了意义。所以可以说，地理位置是短视频艺术的重要元素。

同时，观看者在观看短视频艺术时，也会非常关注短视频艺术拍摄地的地理位置。在许多呈现美景或奇观的短视频的互动留言中，人们经常会问拍摄者："这里是哪儿？"同时，他们也会表达自己希望前往的强烈意愿。这说明短视频艺术与地理位置之间具有一种新型的连接关系。

短视频艺术的位置性，意味着人的身体与地理位置之间存在着一种新型关系。这一点与传统影视艺术有着很大不同。复旦大学孙玮教授以传统影视艺术中的城市影像和短视频艺术中的城市影像为例，将二者进行了对比和分析。

就城市影像论，大众媒介时代城市形象片的重点在于"脱域"，所谓人在家中坐，走遍全世界。这个所谓的"走"，是指影像的移动，影像传输将远距离世界带入到人的视野中，"脱域"是作为表征的影像带给人的一种虚拟状态。人未动，仍然处于固定的位置，并没有脱离地域。城市形象片就是此种"脱域"的典型状态……在这种影像中，位置只不过是脱离人之日常生活存在的虚幻场景，身体感官与位置的具体化联系被彻底剔除。影像作为媒介，以虚拟再现之方式，将位置从城市物理空间中拔出、移动，使其虚幻化，以实现与因于肉身之固定主体的接合。①

在短视频影像中，地理位置与影像实践在移动网络中随时相伴，地理位置的重要性得到充分彰显，短视频也随着移动终端而成为一种"位置媒介"。

媒介随身移动释放出前所未有的传播动能，这种动能拓展了大众媒介时代的传播、媒介的涵（含）义。打卡等新媒体影像实践不但召回了城市生活中的物理空间，而且将其与虚拟空间融合……这其中裹挟了丰富的位置信息。比如视频观看者后续前往该地，生产更多的视频上传网络，视频播放量伴随的是大众在物理空间源源不断的大量移动。②

由此可以看出，位置性是短视频艺术与传统影视艺术至关重要的一种区别。正是这种区别重建了短视频艺术与地理位置的连接，也推动了短视频艺术在重塑地方（或城市）声望方面的社会实践，甚至会形成某种社会风尚，从而引发围绕短视频艺术创作和传播而发生的地方营造活动。

第二节　短视频艺术的认知进路

短视频艺术的媒介特征奠定了其与传统影视在艺术价值和传播价值方面不同的文化基调，而要认识这种不同的艺术价值和传播价值，需要优先

---

① 孙玮. 我拍故我在　我们打卡故城市在——短视频：赛博城市的大众影像实践 [J]. 国际新闻界，2020（6）：12.
② 孙玮. 我拍故我在　我们打卡故城市在——短视频：赛博城市的大众影像实践 [J]. 国际新闻界，2020（6）：13.

以革新的眼光来看待短视频艺术的理解视角和认知观念。也就是说，看待一个事物，你的视角决定了你能够看到什么。如果用看待传统影视艺术的眼光来看待短视频，那么就会出现有些人所说的那种对短视频的评价，如碎片化、没内容、没意思、"没营养"……这不是短视频艺术本身的价值出了问题，而是人们对于短视频艺术的观念还停留在过去的传统影视时代。或者说，人们如果还用看待传统影视艺术的眼光来看待短视频艺术，那么他们注定看不到短视频艺术所蕴含的新的价值体系。那么，看待传统影视艺术的视角到底是什么？究竟什么才是正确看待短视频艺术的理性视角呢？

一、从表征到非表征：理解短视频艺术的视角转换

1. 作为理解传统影视艺术的视角的表征范式

传统影视艺术的视角，从总体上可以概括为"再现"或表征范式。表征是一种"呈现"，但并非直接的"显现"，而是换了一种方式，经过中介（文字、图像、声音等）加以"重新呈现"。[①] 诗歌、小说等文学作品经过文字的中介"描摹""再现"社会现实；影视艺术通过影像和声音的中介"描摹""再现"社会现实。而"描摹""再现"社会现实必定与人的思想观念相联系，也就是说，一个呈现物必定承载着某种意义，这种意义必定又有着开放的解释空间，这正是构成艺术的要素。

在斯图尔特·霍尔看来，"再现"的行为是通过语言生产意义，一方面，再现某物即描绘或摹状它，通过描绘或摹状而在头脑中想起它，在我们的头脑和感官中将此物的一个相似物品摆在我们面前；另一方面，"再现"的行为还意味着象征、代表或替代。[②] 因此，"再现"的行为必定关联着一定的文化权力和意识形态。斯图尔特·霍尔把"再现"的行为与意义生产联系起来，称其为一种意指实践，因而就具有了表征的意味。斯图尔特·霍尔所说的"语言"是指广义的语言，包含了视觉形

[①] 宋美杰. 非表征理论与媒介研究：新视域与新想象 [J]. 新闻与传播研究，2020 (3)：86.
[②] 斯图尔特·霍尔. 表征：文化表征与意指实践 [M]. 徐亮，陆兴华，译. 北京：商务印书馆，2013：20.

象、声音甚至实物系统。在表征的过程中，存在着两个相关的表征系统。第一个系统通过各种事物（人、物、事、抽象观念等）与我们的概念系统、概念图之间建构一系列相似性或一系列等价物，第一个系统使我们能赋予世界以意义；第二个系统依靠的是我们的概念图与一系列符号之间建构的一系列相似性，这些符号被安排和组织到代表或表征那些概念的各种语言中。①

在传统媒介时代下，研究者多以表征为切入点，关注历史、文化、政治等因素共同作用下的媒介技术与内容。罗伯特·克雷格所区分的传播七大理论传统，即修辞学、符号学、现象学、控制论、社会心理学、社会文化、批判理论，也多是处理表征与"再现"问题。正如米歇尔·麦克卢汉将媒介内容比喻为引诱看门狗的鲜美肉片，表征预设了文本优先于生活经验和物质性的存在，让研究者仅关注那些可符号化、可进入语言文本系统之物。

在表征理论视野下，传统影视艺术既然被视作一种"再现"或"重新呈现"，那么就意味着影像中呈现的生活与现实社会生活是分离的，是两回事，即影像是影像，生活是生活。所以，传统影视艺术主要关注影像与真实的关系，往往会追问影视艺术"是不是真实地反映了社会现实"，会在意影视作品是否遵循了现实主义创作原则；与之相应的，传统影视艺术创作非常注重单个作品的内容含量，所以节目时长大多比较长，比如电影时长一般为一两个小时，每集电视节目时长也大多为几十分钟或一两个小时；注重故事讲述的结构和节奏，追求以情动人，把感动观众作为目标；注重精英趣味，追求意义的深刻和主题的宏大，把是否具有深刻的思想内涵和教育意义作为艺术评判的标杆。

在表征范式下，传统影视艺术在人们的现实生活之外，建立了另一个梦幻世界。约翰·伯格说，"电影故事不可避免地让我们置身别处……在电影院里，我们是旅行者。主角对于我们来说是陌生人……我们只能与他

---

① 斯图尔特·霍尔. 表征：文化表征与意指实践 [M]. 徐亮, 陆兴华, 译. 北京：商务印书馆, 2013: 25.

们相逢,不能与他们一起生活"①。而电视把外面的世界和别人的生活带到家庭空间。"凡是有人的地方,电视把外界的事物搬进了家里……电视把外部世界、越南战争带进了起居室。"② 然而,不管是电影还是电视,影像所呈现的世界与观看者所处的世界却始终是两个平行、毫无交集的世界。正如京特·安德斯所指出的那样,"屏幕中的这个世界只是可以看见、可以听见,但是不能接触和改造的世界"③,也即一种"幻象世界"。

2. 表征范式在数字移动媒体时代的困境

随着互联网和数字移动媒体的出现,不少研究者指出了表征范式存在的许多问题。一是表征将主体与客体割裂开来,因此无法说明经验、实践、身体等因素在认识过程中是如何起作用的。二是将媒介视为"中介"的交流,同样也是非对称性的、脱域的,传播者与接收者的身体都是"缺席在场"(absent presence)的。因而"在传播研究中,身体问题虽然一直若隐若现,却不受重视……我们假设传播的前提是身体在场,所以面对面传播被当成是传播的理想类型。一旦身体缺席,比如在大众传播、网络或新媒体的传播中,参与者就会产生一种焦虑"④。三是表征范式只重视觉和听觉,忽略其他感官。视觉被一直视为承载理性内容的知觉,因而被无限放大而居于传播研究的中心位置,听觉在传播过程中同样受到高度重视,但味觉、触觉、嗅觉则被边缘化为非理性的知觉。触觉、味觉、嗅觉作为"瞬间、感性、无法被再现"的体验在传播研究中的效用则多被忽略。

由于表征范式存在上述这些问题,因而大部分研究者利用表征范式在阐述移动新媒介和短视频传播现象时,则表现出无力感。因为移动新媒介和短视频传播是具身的、流动的、多感官的,也是连续的、具有生机与活力的,它与日常生活每时每刻交织在一起,如果我们仅仅从"再现"或表

---

① 约翰·伯格. 约定 [M]. 黄华侨,译. 桂林:广西师范大学出版社,2015:18-19.
② 马歇尔·麦克卢汉. 麦克卢汉如是说:理解我 [M]. 何道宽,译. 北京:中国人民大学出版社,2006:150.
③ 京特·安德斯. 过时的人:论第二次工业革命时期人的灵魂(第一卷)[M]. 范捷平,译. 上海:上海译文出版社,2010:107.
④ 刘海龙. 传播中的身体问题与传播研究的未来 [J]. 国际新闻界,2018(2):38.

征的视角去看待新媒介影像，已经远远不够了。

具体到图像领域，正如许多研究者所指出的那样，数字图像跟原来的模拟图像相比已经发生了一场革命。威廉·米切尔认为，数字影像所具有的可复制性、可变造性和易处理性，动摇了影像与客观性、实证性之间的联系，模拟影像时代照片与"曾经发生过的事实"之间的那种因果关系被颠覆，"影像的使用——以及它们作为事实话语标志的意义与价值——开始发生根本性的改变"①。雷吉斯·德布雷把数码技术在1980年出现的现象，比喻为"一颗数字炸弹"的引爆。"在图像史中，从模拟技术过渡到数码，其断层相当于军械中原子弹的出现，或生物学中的基因技术。"② 雷吉斯·德布雷指出，因为计算机绘图图像绕开了存在与表现的对立，因此这个数字炸弹炸掉了"representation（再现）中的re（再）"③。数字影像"消除了由来已久将图像和模仿联系在一起的不幸。从前图像被拴在投影、模仿、假象的投机地位上，最好时是一个替代品，最糟时是一场骗局，但无论如何总是一场幻觉"④。也就是说，数字影像技术打破了千年以来"图像作为现实的从属"的地位，让图像不再是对现实的模仿，不再总是作为一种幻象而存在。孙玮进一步指出，"在这种尺度中，新媒体影像与电影、电视根本性的区别在于，它不再仅仅是现实世界的表征（再现），而是创造了一种与现实连接的新型关系。比如互联网早期阶段，新媒体影像被视为虚拟空间，只不过是现实世界的表征。后来，人们渐渐地意识到这种新形态并非是与现实世界对立的"⑤。数字移动媒介时代，影像与现实正在构建一种虚实交织的新型社会形态，这种新型社会形态不再被视为与

---

① 威廉·米切尔. 重组的眼睛：后摄影时代的视觉真相[M]. 刘张铂泷，译. 北京：中国民族摄影艺术出版社，2017：19.
② 雷吉斯·德布雷. 图像的生与死：西方观图史[M]. 黄迅余，黄建华，译. 上海：华东师范大学出版社，2014：252.
③ 孙玮. 我拍故我在 我们打卡故城市在——短视频：赛博城市的大众影像实践[J]. 国际新闻界，2020（6）：8.
④ 雷吉斯·德布雷. 图像的生与死：西方观图史[M]. 黄迅余，黄建华，译. 上海：华东师范大学出版社，2014：252.
⑤ 孙玮. 我拍故我在 我们打卡故城市在——短视频：赛博城市的大众影像实践[J]. 国际新闻界，2020（6）：8-9.

现实空间相对立的虚拟空间，而被视作一种虚实互嵌的新型空间。

3. 新理论范式——非表征理论

非表征理论最早由英国地理学学者奈杰尔·思里夫特于20世纪90年代中期提出，后成为地理学研究领域的重要思潮。非表征理论的命名，鲜明地体现了奈杰尔·思里夫特对于社会建构论和表征分析方法对学科主导的批判，回应了当时地理学研究中"重返物质主义""回归现实化"的呼声。他结合莫里斯·梅洛-庞蒂的具身认知学、布鲁诺·拉图尔的行动者网络理论、吉勒斯·德勒兹的集合概念，试图发展出一个"不同力量在多种空间中通过连续和不自主的遭遇而构成世界的物质性模式"①。这种模式的核心信条是实践、日常生活、表演与表演性、具身与身体、时间与空间的虚拟性与多样性。② 非表征理论一改表征范式对于身体和实践的忽视，认为"人既是意识主体，也是身体主体；既通过思维认知，也通过身体认知"③。因此，在研究中，不能只拘泥于对视觉文本的分析，还要将听觉、触觉、味觉、嗅觉等多种感觉带入研究范围；同时，不能拘泥于媒介"说了什么"，还要看媒介"做了什么"，要注重考察媒介实践参与地方建构的过程和机制，而不是结果。从本质上讲，非表征理论并不是对表征范式的否定和抛弃，而是提出在表征之外，还要重视身体实践的过程。

借鉴非表征理论，我们可以改变传统的视觉认知模式，关注在短视频艺术实践中，那些没有被影像符号所再现的东西。如拍摄者和观看者在短视频艺术创作实践中的各种主体性经验，他们与世界的互动，关注短视频艺术实践主体的自我认知、身体体验、情景氛围；注重考察短视频艺术实践中的表演性或操演性；探索短视频艺术实践中地方与空间、人与物及情绪互为交织的关联性，打破影像与现实之间的二元对立。从关注短视频艺术如何塑造某种形象这种老套的再现思维，逐渐转换为关注短视频艺术如

---

① 袁艳. 当地理学家谈论媒介与传播时，他们谈论什么？——兼评保罗·亚当斯的《媒介与传播地理学》[J]. 国际新闻界，2019（7）：166.
② 宋美杰. 非表征理论与媒介研究：新视域与新想象[J]. 新闻与传播研究，2020（3）：88.
③ 袁艳. 当地理学家谈论媒介与传播时，他们谈论什么？——兼评保罗·亚当斯的《媒介与传播地理学》[J]. 国际新闻界，2019（7）：166.

何通过重建与主体、地方、生产、生活的连接，从而影响主体的生成、地方的建构、生产方式的创新，以及生活方式的创造。

在研究方法上，非表征理论提倡研究者的亲身体验，"这种体验不仅是理性的观察，还应是情感的共鸣……抛弃客观'观察'的方式，共同置身媒介经验之中具身体会当下身体的情绪感受"①。这种研究方法与传统的社会科学研究方法中研究者采用的"第三者姿态"大相径庭，它是对那种引用他人的研究对象进行论述，才不会陷入主观臆断的学术观念的反思。

非表征理论致力于重新发现被表征所遮蔽的生活世界、探索如何重新赋予事件以生命力。"通过对充满'生机'实践的观察来揭示被表征所遮蔽的生活世界……以生命形成的方式思考生命，而非从世界中提取一个稳定的表征。"② 其研究指向了被表征范式所遮蔽的研究间隙——移动与感觉的具身实践、日常生活中的瞬间与流变状态、人物与情景的交融。表征范式关注日常实践（如消费）的文化意义及其对世界的影响，而非表征理论则将日常世界中无意的、非话语的、难以捉摸的性质引入研究视野中，强调个体在具身实践中的身体与情感的空间塑造形象。在这样的非表征理论的引导下，我们才能找回对短视频艺术和新媒介影像新的理解，打破传统的话语优先、视觉中心、符号中心、唯表征的思考惯性，同时跨越表征范式与非表征理论的对立，以超表征的思路去考察短视频艺术及其他数字新媒介影像的价值维度和价值支点。

二、短视频艺术的价值支点

所谓价值支点，是指应该从什么角度或维度去看待短视频艺术的价值。由于看待的角度不同，看到的价值也就不同。只有支点找对了，才能看到相应的价值。

如果从表征范式的角度来看短视频艺术，那么自然会认为它的内容不能够真实地"再现""反映"现实生活，内容碎片化、不专业、没意思、

---

① 宋美杰. 非表征理论与媒介研究：新视域与新想象 [J]. 新闻与传播研究，2020 (3)：95.
② 宋美杰. 非表征理论与媒介研究：新视域与新想象 [J]. 新闻与传播研究，2020 (3)：95-96.

嘈杂、混乱、劣质、低俗等。但是，如果从非表征理论或者超表征理论的角度来看短视频艺术，我们将会发现其价值的新型支点。

1. 短视频艺术的输入价值大于真实性价值

短视频的数字影像特征，让其脱离了传统影视拍摄的物质性，具有了可以随意修改的可能性，也不会因为反复拷贝、流转而使影像信号衰减或清晰度降低，而影像生产的便利性和廉价性，也让其成为人们在日常生活中体验历史与回顾记忆的崭新方式。在这样的背景下，人们对影像的修改、调校已经习以为常，并不介意其是否真实。例如，人们在短视频中看到某个美女的脸部表演，不会计较她的脸是否经过美颜相机的技术处理，而更多地会在意这张脸是否足够的完美和亮眼。

这种情况表明，人们看待短视频的角度，已经不再遵循真实性标准，而是换了一套新的标准。正如威廉·米切尔所说的，"数位影像确立了一种新的标准，并非单一物价的崇拜价值，也不是复制影像的展示价值，而是可以轻松变造和传布的'输入价值'（input value）"①。

这种"输入价值"意味着任何人都可以进行影像的拍摄、制作，并可以上传至网络空间中进行传播。这无疑是一种媒介赋权或者媒介赋能。从理论上讲，任何人使用手机等设备进行短视频的拍摄，既可以呈现景物，又可以展现自身；既可以表达自我，又可以讲述故事；既可以社交互动，又可以进行营销推广、销售带货。在这种"输入价值"中，影像拍摄者的地理位置、生活空间和身体样貌也随之与世界建立了新的连接。

这种"输入价值"也意味着短视频艺术的真实性不再是人们关注的重点，而在短视频艺术实践中出现的身体表演、具身移动、情感体验、社交互动、地方营造等现象，才是颇具价值的考察对象。这些围绕短视频影像展开的实践逐渐成为短视频艺术的独特价值支点。

2. 短视频艺术的使用价值大于观看价值

所谓使用价值，是指短视频艺术不仅可以观看，还可以使用。这里的

---

① 玛丽塔·史肯特，莉萨·卡莱特. 观看的实践：给所有影像世代的视觉文化导论［M］. 陈品秀，吴莉君，译. 台北：脸谱，城邦文化出版，2013：237.

使用指的是短视频艺术实践与生产、生活、物质和地理空间建立的新型连接。

例如，围绕着短视频艺术，创作者可以将短视频艺术与商业营销行为相结合，从事带货、销售等经济活动，直接促进商品流通和消费，为商品打开销路，实现创利。这是短视频艺术的一种新型使用方式，它创造的价值不可估量，甚至远远超过传统影视艺术广告模式的规模。

又如，围绕短视频艺术，普通网友和"网红"可以通过在各个景点打卡的方式，促使地方自然景观和人文景观的相关信息在网络空间的广泛传播，从而让一些"无名之地"在一个新的媒介场域中获得"出场"和"亮相"的机会，甚至成为"网红打卡地"，从而提高其知名度，推动文化旅游事业的发展。

3. 短视频艺术的实践价值大于再现价值

短视频艺术与传统影视艺术相比，在内容上都是以影像为主。如果仅仅从文本再现的视角来看，二者似乎没有太大的差别；但如果从具身实践的角度来看，二者影像实践的方式则有着质的差别。短视频艺术的影像实践由于具备了移动数字媒介的属性，更多地关涉身体、行动、情感和实体空间，进而触发了虚拟空间与实体空间的融合。从这个意义上讲，短视频艺术的实践价值远远大于其作为影像对于社会现实生活的再现价值。

短视频艺术的这种实践价值，既打破了影像与现实的二元对立，又打破了影像空间与现实空间的界限，实践者通过影像传播行为，实现了影像空间与现实空间的兼容和交织，也实现了现实空间与虚拟空间的交织和再造。"当这种媒介可以伴随着身体在物理空间中的移动，人类的感知系统更是经历了新一轮的重构。"[①] 这种虚拟空间与现实空间交织的感官刺激，正是短视频艺术实践的一个显著特征。它创造的是一种实践价值，而不仅仅是对现实生活的再现。

W. J. T. 米歇尔指出，图像是我们接近图像所再现事物的途径。更重

---

① 孙玮. 我拍故我在 我们打卡故城市在——短视频：赛博城市的大众影像实践 [J]. 国际新闻界，2020 (6)：14.

要的是，图像是世界制作的方式，而不仅仅是世界的反映。① 借用他的话，我们是不是也可以说，短视频艺术正是让影像成为我们接近影像所再现的事物的工具。我们应该超越传统影视的媒介表征论视角，从较多关注视觉领域的社会建构，转变为更多地关注社会领域的视觉建构。换句话说，我们不应该固守表征范式，只关注短视频艺术是如何反映现实、再现生活、建构形象、传达意义，还应该超越表征范式，去关注短视频艺术更深刻的实践价值、它与现实世界的新型连接关系，以及它如何参与我们这个时代的社会变革、地方营造和文化创新。

---

① W. J. T. 米歇尔. 图像何求：形象的生命与爱 [M]. 陈永国，高焓，译. 北京：北京大学出版社，2018：19.

第三章
短视频艺术的影像构成

短视频艺术的内容和形式十分丰富，具有海量性和多元化的特点。如何认识和把握短视频艺术的内容和形式，是一个比较棘手的问题。在影视艺术的研究中，有创作模式的研究，还有影片（节目）类型的研究，还有创作手法的研究，等等。对于短视频艺术来说，这些传统的研究方式已经变得不再适用。

笔者尝试以一种影像构成的方式来对短视频艺术的内容和形式进行考察，即主要考察短视频艺术的影像是以什么样的方式来构成的，即对短视频艺术进行创作模式的分析和梳理，以期帮助人们准确把握短视频艺术的内容构成。

自2016年以来，笔者对短视频的内容和形式进行了一番考察，发现尽管短视频艺术作品不胜枚举，但是如果从影像构成的角度将其简化，可以将短视频艺术的影像构成大致分为四种主要模式，即空镜模式、动作模式、剧情模式、言辞模式。

需要说明的是，这四种模式既有时间上的发展关系，又保持着共时性的存在。也就是说，这四种模式虽然经历了一个嬗变的过程，但新的模式出来后，原有的模式并未消失，而是共同构成了短视频艺术的影像版图。

第一节　空镜模式

一、空镜模式的含义及来源

所谓空镜模式，也叫"空镜头"，是指拍摄者拿着拍摄工具对着一处景观或场景进行拍摄。在拍摄时，人物往往以人群或者远景的方式出现，没有具体的人被当作讲述的主要对象，人是作为一种景观的组成部分而存在的。

空镜模式，并非自短视频出现之后才有，它的历史可以追溯到电影时代。法国的卢米埃尔兄弟所拍摄的早期电影《工厂大门》《火车进站》等影片，采用的其实就是一种空镜模式。也就是说，当人类开始拿摄影设备进行拍摄时，拍摄空镜几乎是人下意识的第一选择。这种现象就如同一个视力不好的人第一次戴上矫正眼镜，他的第一反应是要借助这个矫正眼镜努力地看清他周围的世界。

在短视频艺术中，常见的内容形态就是这种由空镜模式配乐组成的影像（图3-1）。只要有人觉得某处的风景宜人，他就有可能先举起手机将其拍摄下来，并在短视频平台上给这段视频配上某个音乐片段，然后上传并发布到短视频平台。

图 3-1　短视频空镜模式示例 1

（资料来源：抖音截图）

在传统的影视艺术作品中，空镜模式往往是作为故事开始的场景定位，或者情节转换中的转场镜头，又或者是故事结尾处远去的场景。这里使用的空镜模式不仅是故事设定的空间形态，也是人物角色展开生命活动的重要场所。

二、短视频空镜模式的艺术性体现

短视频空镜模式往往是一个镜头或是多个镜头的组接。它并不构成一个有着具体情节的故事，也不试图展示拍摄者个人的形象，甚至并不传达明确的拍摄意图。那么，它的艺术性从何而来呢？

1. 短视频空镜模式是拍摄者看世界的方式

单从画面来看，短视频空镜模式主要是用来介绍环境、地点、时间，为短视频中剧情的展开提供基础的。但是，如果仔细审视就会发现，这里面蕴含着几个问题：拍摄者为什么要拍这个地方或景观？他在拍摄过程中有着怎样的情绪？同在拍摄现场的他人会怎样看待拍摄者的这种拍摄行为？

约翰·伯格曾说过，影像是一种再造或复制的景象，它是一种表象或一组表象，已经从它最初出现和存在的时空中抽离开来——不论它曾经存在几秒钟或几个世纪。每个影像都具现了一种观看的方式。① 根据约翰·伯格的说法，每个拍摄者之所以要拍摄某个地方或景观，都与他当时的心情和想法有着密切的关系，因此他拍出来的影像无疑是他当时对自身与其所在之处的关系的一种记载。只是观看者或许不会去考虑影像拍摄者当时的心情，或者拍摄者与其所在之处的关系。因为它只是一个生活的瞬间，那种心情或想法也是转瞬即逝的，在观看者看来并不具有任何特别之处或者价值。

但是，对于拍摄者来说，这种短视频空镜模式的拍摄行为，并不是毫无意义的。因为这意味着一种选择——选择拍摄的范围、对象及拍摄的方式。正如约翰·伯格所说，这些镜头都是拍摄者从成千上万种可能的景象中挑选出来的。他（她）用这种拍摄行为体现了他（她）的主体性。因为拍摄的前提是观看，"借由观看，我们确定自己置身于周遭世界当中……我们注视的从来不只是事物本身；我们注视的永远是事物与我们之间的关系"②。拍摄者以镜头作为眼睛，他（她）要把眼前的美景及自己的感动、感受记录下来，不断搜寻、移动，不断在他（她）的周围抓住些什么，不断建构出当下呈现在我们眼前的景象。③

虽然对于一些比较业余的拍摄者来说，其选择拍摄的自觉意识还不够

---

① 约翰·伯格. 观看的方式 [M]. 吴莉君, 译. 台北：麦田, 城邦文化出版, 2010：12.
② 约翰·伯格. 观看的方式 [M]. 吴莉君, 译. 台北：麦田, 城邦文化出版, 2010：12.
③ 约翰·伯格. 观看的方式 [M]. 吴莉君, 译. 台北：麦田, 城邦文化出版, 2010：11.

强，拍摄的专业性较弱，但他（她）同样用镜头记录了当时、当地他（她）看待周围世界的方式。这说明镜头会显示出拍摄者自身的状况，每个人的知识和信仰会影响他（她）观看事物的方式。① 即使不够专业，人们往往也喜欢拍摄眼前的景象，这是因为制造影像可以"像魔术一般让已经消失的某样事物重新显现……影像可以展现某样东西或某个人昔日的模样——也就是说，影像可以展现这个对象过去曾经如何被别人观看"②。同时，拍摄者的特殊观点也是影像记录的一部分，于是影像就变成一方如何观看另一方的记录。因此，即使是短视频空镜模式，影像也可以"让我们直接看到某些人物在过去某个时间身处的那个世界，这是任何过去的遗物或文本所无法比拟的"③。

2. 声画组合是蒙太奇思维的体现

拍摄者完成拍摄之后，他（她）需要将作品展示给别人看。一开始，拍摄者只是将作品原原本本地播放给别人看，就像卢米埃尔兄弟在法国巴黎埃菲尔铁塔下的咖啡馆里所做的那样。但是，慢慢地，拍摄者发现可以借助短视频平台上的制作流程，给画面配上一段音乐。这时候，影像就不再只是画面，还包含音乐，观看者看到的是由音乐和画面共同组成的一个视听综合体。这个视听综合体就是利用声画组合来体现蒙太奇思维的媒介。

那么，给画面配上一段音乐，意味着什么呢？

首先，这种简单的声画蒙太奇是对制作者视听综合审美能力的集中体现。制作者需要为画面选择合适的音乐，这种选择本身透露出制作者的文化修养和审美趣味，凝聚着制作者的想法，即他（她）想通过音乐与画面的搭配，表达什么情感、情趣或风格。

其次，声画组合是一种意境的创造。虽然画面可以呈现现场场景，但这个现场场景并不会反映复杂的思想或情感，因此人们可以给这个画面添加任意的解释和想象。而声画组合则让声音与画面之间形成了一种互相支

---

① 约翰·伯格. 观看的方式 [M]. 吴莉君, 译. 台北：麦田, 城邦文化出版, 2010：11.
② 约翰·伯格. 观看的方式 [M]. 吴莉君, 译. 台北：麦田, 城邦文化出版, 2010：13.
③ 约翰·伯格. 观看的方式 [M]. 吴莉君, 译. 台北：麦田, 城邦文化出版, 2010：14.

撑的张力场。一方面，声音将思想或情感附着在画面之上，赋予画面一个确定的主题；另一方面，声音也让思想或情感的表达延伸出画面之外，给观看者带来一种画外空间的想象。这种声画组合共同营造出一种审美意境，虽然影像时长较短，但它可以被观看者反复观看和欣赏。

三、空镜模式是短视频艺术"位置属性"的重要呈现方式

笔者在前文已述，短视频具有很强的"位置属性"，而空镜模式则是短视频艺术"位置属性"的重要呈现方式。这是基于以下两个原因：

第一，空镜模式直接体现了拍摄者与拍摄场所之间的关系。拍摄的主要对象是某个地方的场景或景观，拍摄者之所以拍摄，就是想记录或传达自己与该位置之间的关系。即使拍摄者本人并不出镜，或者景观中没有作为主体的人物，镜头所体现的拍摄者与拍摄地的关系也是一目了然的。

第二，拍摄者在发布短视频时会标记出地理位置。短视频平台上提供了在影像发布时标记地理位置的功能，这让短视频成为展示某个地方景象的重要载体。例如，我们常常在抖音平台上看到，一些展现美景的短视频上会标记出该地的地理位置，人们看到后，会将它记录下来，或者记在脑海里，以便空闲时到该地旅游。即使制作者在短视频上没有标记出地理位置，人们看到非常美的画面，也会在留言和评论中询问地址，并表达出对这个地方景象的赞美和向往。

短视频艺术的"位置属性"使其成为地方旅游宣传的重要方式。一些地方的旅游宣传部门会联合专业的拍摄团队，使用多样化的专业拍摄设备，主动介入这种空镜模式下的短视频影像生产。例如，在春天里，我们会在抖音等平台上看到许多用无人机拍摄的油菜花、湖景等（图3-2），这些景观短视频又吸引着无数人奔赴这些景点，再次对景观进行拍摄和上传，从而形成了一种由短视频艺术引发的审美风尚。而这种审美风尚又促进了为了影像拍摄而进行的地方景观的营造。关于这一点，笔者将在下一个章节对此进行详细的论述。

图 3-2　短视频空镜模式示例 2

（资料来源：抖音截图）

第二节　动作模式

一、作为"身体图像"的动作模式

所谓动作模式，是指人物在镜头前做出一些表演性的活动。通俗地讲，就是短视频拍摄的是人物的动作。这其中既包括动作幅度比较大的行为，如舞蹈、演唱、运动、武术、弹琴、画画等（图3-3），又包括动作幅度比较小的一些行为，如眼眸转动、头发飘动等。因此，动作模式也可以称作"身体操演模式"。

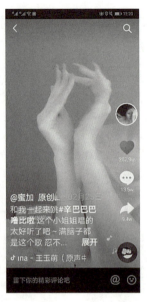

图 3-3　短视频动作模式示例 1

（资料来源：抖音截图）

　　动作模式与空镜模式最大的不同，表现在动作模式是以表现人物活动为主，而空镜模式则是以展示场景为主。尽管在空镜模式中也有运动，包括运镜、被拍摄物的运动，如花瓣飘零、雨雪纷飞、风吹草动等，但基本上不以表现人物的动作为主。而在动作模式下，人物的身体和动作可以出现在短视频影像中。从短视频的内容构成来看，在动作模式下，短视频可以直接表现人物本身及其表演活动。这让短视频艺术获得了一种传统影视艺术所不具备的能力——将每个个体的"身体图像"带到别人面前的能力。

　　由于人的身体在短视频中的出场，短视频艺术开始能够以"身体图像"来记录和表现人类生活的重要时刻。这些"身体图像"的出现，"与人们自我理解、自我认识相关。如果没有人类自我的图像，或者说没有对自我的表征，我们就无法进行自我理解"[①]。

[①] 克里斯托夫·武尔夫. 人的图像：想象、表演与文化 [M]. 陈红燕, 译. 上海：华东师范大学出版社，2018：57.

当然，这种个体的"身体图像"并不是从短视频开始的。"自古以来，人们总是通过人的身体去获得人的形象。这种身体图像就是人的形象，正如人类的表演总是身体表演一样……因此，图像的历史就是人身体历史的重要表现，图像历史也是人自我表达的历史、人的自我形象的历史。"① 当人类还未运用绘画、摄影工具进行人的身体图像的描绘和拍摄时，人类的感觉器官已经在脑海中形成了人的身体图像，而绘画、拍摄工具的出现，不过是将人类脑海中的人的身体图像通过模仿的方式进行了再现。"人就是它身体的样子。在它成为图像被模仿之前，身体就已经是一张图像。新形成的身体图像，并非指对身体的再生产，而是它就居于身体图像产物的真实当中。"②

二、短视频动作模式的艺术特征

与传统影视动作模式相比，短视频动作模式具有以下两个不同的艺术特征：

第一，传统影视艺术中的"身体图像"与短视频艺术中的"身体图像"具有不同的身份和权利。在传统影视艺术中，那些有机会进入影像中的人物，大多是具有专业能力（如戏剧表演、特技表演、曲艺表演等技艺），或者某种社会身份（拥有一定的知名度）的主体。而短视频艺术中的人物，则大多没有什么社会身份，甚至谈不上拥有什么专业技能——即使有一些艺术性的表演，也由于没有机会登上大雅之堂，而停留在自娱自乐的状态之下。他们在短视频中的身体呈现，其实是一种"无名者的出场"。"有了短视频媒介，无数'看不见'的无名者不再是被历史排斥或忽视的'沉默的大多数'，而是变身为能够记录自己和他人的能动传播者，这是一个划时代的变化。"③ 相较于古代帝王的"起居注"，以及传统媒介

---

① 克里斯托夫·武尔夫. 人的图像：想象、表演与文化 [M]. 陈红燕, 译. 上海：华东师范大学出版社，2018：57.
② 克里斯托夫·武尔夫. 人的图像：想象、表演与文化 [M]. 陈红燕, 译. 上海：华东师范大学出版社，2018：58.
③ 潘祥辉. "无名者"的出场：短视频媒介的历史社会学考察 [J]. 国际新闻界，2020（6）：44.

时代只有精英群体才能进入媒体视野的情况，"短视频给平民在历史中登场提供了极大的便利，绝大多数人都能够记录自己，呈现自己，制作自己的'起居注'。短视频时代因此也可以看作是一个'平民起居注'兴起的时代"①。每一个短视频创作者，不仅可以随时随地书写记载自己人生轨迹的影像历史，也可以让自己的"身体图像"作为影像资料进入历史的书写之中，如图3-4所示。

图 3-4　短视频动作模式示例 2

（资料来源：抖音截图）

第二，传统影视艺术中的表演与短视频艺术中的表演是两个不同的概念。传统影视艺术中的表演是戏剧表演学中提及的表演，它是指一个演员以自己的身体作为媒介，再现和演绎现实社会中某一类人的生活状态和行为，从而塑造出一个虚构的人物形象。这既是一种虚拟的模仿，也是以一种身体影像来指代和表现现实生活中的身体形象。传统影视艺术中的表演

---

① 潘祥辉. "无名者"的出场：短视频媒介的历史社会学考察［J］. 国际新闻界，2020（6）：44.

具有较强的逼真性,即能让观看者通过其塑造的人物形象,认识和理解现实社会中真实存在的人物。

短视频艺术中的表演则并非上述这种类型的表演,而是社会学意义上的表演——只要人们出现在一定的公众场合,就会自觉地进入某种社会角色,开始他们的表演。例如,一个人站在讲台上,他(她)就会扮演教师的角色,而当他(她)回到家中,他(她)就会扮演丈夫或者父亲(妻子或者母亲)的角色,而回到父母身边,他(她)就会扮演儿子(女儿)的角色。这种不同的社会角色决定着他(她)表演的内容和姿态。

欧文·戈夫曼在其名著《日常生活中的自我呈现》中,区分了戏剧舞台上的表演与社会场域中的表演的不同之处,他认为这是两种不同性质的表演,在戏剧舞台上的表演需要三方的互动,"一个演员在一种角色的庇护下,向其他演员所表演的角色呈现自己;观众构成了互动的第三方——这是必不可少的一方,然而……在现实生活中,三方并为两方;一个个体扮演的角色迎合其他在场人扮演的角色,然而这些他人同时构成了观众"①。

与现实生活中的表演所不同的是,短视频艺术的观众并不与表演者同处于一个时空中。这样一来,短视频艺术的表演既不需要向在场的其他演员扮演的角色呈现自己,又不需要与现场的其他演员扮演的角色进行互动,他(她)是表演给镜头看——观众都在短视频上传后的网络空间中。这场互动中也只有"两方":他(她)扮演他(她)自己,那是生活中的自己,但同时他(她)又表演给网络空间中的观众看。虽然隔着一个屏幕,但是他(她)会努力演好他(她)自己,所以他(她)的表演也需要反复演练各种动作——走路、坐立、跳舞、游泳、弹奏、演唱、绘画、挥毫、凌空飞舞、飞檐走壁等各种各样的身体动作,以期呈现出一个"最好的自己",如图 3-5 所示。

---

① 欧文·戈夫曼. 日常生活中的自我呈现[M]. 冯钢,译. 北京:北京大学出版社,2008:1.

图 3-5　短视频动作模式示例 3

（资料来源：抖音截图）

  由于时长的限制，在短视频动作模式中一般不会出现过程太长的动作，而是选取了其中颇具表现力的动作片段，这些动作片段就是法国后现代主义哲学家吉尔·德勒兹所说的"特殊瞬间"①。它们比起别的时间片段获得了被传播的"特权"，因此是具有冲击力的画面。而具有冲击力的画面中的动作表演则是影像媒介一直以来热衷表现的东西，因为它的视觉效果俱佳，正如美国传播学者大卫·阿什德在讨论电视新闻工作者的指导范式时所说的那样，"荧屏上的动作是关键"②。因此，短视频动作模式的创作会在追求最佳视觉效果的道路上不断探索，也会带来更多的"身体动作奇观"的表演，进而会带动短视频创作者为了追求这种"身体动作奇观"，而不断地通过各种方式强化自己的身体机能，编排更多、更惊艳的身体动作。

---

① 吉尔·德勒兹. 运动-影像 [M]. 谢强，马月，译. 长沙：湖南美术出版社，2016：8.
② 大卫·阿什德. 传播生态学：控制的文化范式 [M]. 邵志择，译. 北京：华夏出版社，2003：105.

第三节　剧情模式

剧情模式又叫"故事模式"，是指短视频的内容是虚构的故事情节，出场的人物都是根据写好的剧本，以演员身份来扮演其中的角色。从本质上讲，这种模式是传统影视剧的小型化，一般只有几十秒或几分钟。

为了适应人们用手机观看短视频的习惯，剧情模式大多采用竖屏方式拍摄和传播。这种模式大概从 2017 年开始流行，当时的短视频拍摄者还不知道怎么才能在短视频平台上闯出名堂，就下意识地选择了拍摄剧情这种方式来吸引观看者观看，以期增加粉丝和流量。

到了 2020 年，剧情模式的短视频明显减少，其原因在于，剧情模式比起其他模式需要投入更多的人力、物力、财力，所以难以提升效率和质量；再加上拍摄者创作灵感枯竭，导致很多剧情模式的短视频账号难以为继。

剧情模式受到时长的限制，在剧本内容上显得短小精悍，而且不能有很多的背景铺垫，往往需要演员快速"入戏"，在几秒钟内就必须展现矛盾冲突，在几十秒内就要解决问题，完成故事讲述，节奏较快，情节讲究连贯紧凑。因此，相较于传统影视剧情节，短视频情节的设计和构思的难度更高。

一、剧情模式的构成和视角

与传统影视剧剧情模式相同的是，短视频剧情模式也可以分为单本剧、系列剧、连续剧。为了方便将主要演员打造成"网红"，短视频剧情模式一般会采用系列剧和连续剧的方式，定时推出，以期增强粉丝对这个账号的黏合度。短视频剧情模式在拍摄方面，采用的拍摄视角或叙事视角主要分为旁观视角和主观视角两种。

1. 旁观视角

所谓旁观视角，是指摄像师以旁观者的身份进行拍摄，这是传统影视剧的拍摄方式，观看者被置于"上帝视角"。这样的短视频账号的背后，需要一个强大的制作团队，人员分工精细。例如，"奇妙博物馆"账号制作团队光是导演就有3人，加上摄影、编剧、后期制作、商务等制作人员，团队人数达到80人。① 据了解，这种相对复杂的短视频的制作时长通常为一周左右。然而，复杂的剧情设计、复杂的角色构成，导致此类短视频的制作成本、人力成本也相对较高。

旁观视角下的短视频剧情模式，往往会设定生活场景中的二元对立，以明显脸谱化的人物设定，将公平与不公的较量拟人化，让反欺凌、反霸权的行为得到贯彻，以满足观看者的心理需求，特别是在一些"职场类"的剧情设定上表现得格外明显。例如，一位中层职员正在以职务之便打压一位下层职员或者外来人员，如果这时正巧被公司总裁看到，他会当场喝止中层职员的语言霸凌，并对其施以小惩。又如，一位合作方的高层管理人员（通常为男性）来本公司洽谈合作业务，在等待的过程中欺辱一个本公司职员（通常为女性），如果这时正巧被本公司总裁看到，他会以取消合作的方式来表达对合作方的高层管理人员的强烈不满。这类剧情往往是一个拥有一定社会地位的人代表公正的一方，并以反欺凌、反霸权的姿态来主持正义，让观看者感受到职场上强调的公正和平等。

2. 主观视角

所谓主观视角，是指以剧中某个人的视角进行拍摄，并以剧中人的角色在画面外与画面内的主角进行对话，在矛盾与冲突之中，推动剧情的发展。此类视角一般以职场故事或家庭琐事居多。摄像师通常为男性（如抖音账号"杨小萌"等），也有的为女性（如抖音账号"祝晓涵"等）。在拍摄时，摄像师须身兼两职，一边与主人公演对手戏，一边根据情节和场景需要拍摄具体细节和过程，用镜头调度场面，这对摄像师的拍摄水平和台词功底是双重考验，而出镜的主人公则要有较好的表演技艺和镜头感。

---

① 台正传媒. 剧情类的短视频剧本怎么写？什么题材容易火？[EB/OL].（2021-02-27）[2021-05-15]. https://www.sohu.com/a/452981038_120817800.

主观视角下的短视频剧情模式在抖音平台上出现较多，比如名为"遇见她"的抖音账号，就是男主人公"方羽"将 GoPro 摄像头固定在自己的头上进行拍摄，而女主人公"张博涵"则出镜表演，讲述了"方羽"追求"张博涵"的曲折的"北京爱情故事"。该抖音账号以连续剧的方式持续更新，每条短视频讲述一个充斥着矛盾与冲突的故事，形成一个悬念，吸引观看者关注两人的爱情关系进展。截至 2021 年 9 月 5 日，该抖音账号共拥有 1 194.5 万粉丝，获赞约 1 亿次。

二、剧情模式的短视频的现状与问题

在剧情模式的短视频创作中，用户生产内容往往只占少数，大部分还是以专业生产内容或专业用户生产内容（Professional User Generated Content，PUGC）的形式完成的。从事短视频创作的团队背景复杂、专业程度参差不齐。[①] 总的来说，目前剧情模式的短视频的现状主要有以下几个方面。

1. 创意难度大，抄袭现象普遍

剧情模式的短视频因为短小、更新快、传播迅速，被许多人误以为操作简单、门槛较低，所以人们纷纷涉足短视频领域，但时间一长，就会陷入创意枯竭、剧本紧缺的困境，于是只好急功近利、投机取巧，从平台上抄袭、模仿别人的剧情，再进行改造、翻拍，以此维持自己的内容生产。但是这样一来，就造成了剧情模式的短视频出现同质化的问题，让观看者产生厌倦感。

2. 竞争激烈，亏损严重

由于参与拍摄剧情模式的短视频的人数众多，造成市场竞争格外激烈。然而观看者的注意力是有限的，加上短视频平台特殊的算法机制，有时候投入人力、物力、财力较大的剧情模式的短视频并不一定能够赢得更多的关注度。因此，短视频创作者既要揣摩观看者的趣味和需求，还要受到短视频平台的约束。这就导致许多短视频创作者最后都陷入经济上难以

---

① 向成龙. 剧情类短视频的现状、不足与改进策略 [J]. 新媒体研究, 2020 (6): 83.

为继的状况。

3. 角色虚构，变现困难

剧情模式的短视频中的演员角色是虚构的人物，演员是在演绎别人的故事而不是自己的生活，对于观看者来说，演员是一个"被观看的他者"，而不是能够跟观看者建立现实交流关系的"真人"，所以很难建立对人物的认同感和亲近感。如此一来，演员就很难撕开虚构和现实之间的幔帐，进行现实生活中的"种草"① 和带货，只能依靠接广告或植入广告的方式获得收益，从而出现变现难、收益小、获利慢的问题。

4. 制作粗糙，专业性低

剧情模式的短视频虽然短小，但人们在观看时是以传统影视剧的观看习惯来审视的，这就要求短视频的剧情要有"逼真性"，符合生活的逻辑，同时在制作上要遵循传统影视剧的视觉习惯和剪辑规则。因此，剧情模式的短视频对于剧本构思、导演拍摄、灯光布置、演员表演、服装设计、道具安排、化妆技巧等专业影视技术的要求较高。而人们如果没有经过专业影视技术的培训或历练，是很难达到专业水准的。

例如，有许多剧情模式的短视频在拍摄时，有的摄影师不懂得"轴线原理"，镜头方向混乱，"跳轴"② 现象严重；还有的短视频创作者不懂得"动接动、静接静"的剪辑规则，不懂得借助人物动作来完成镜头机位角度和景别的转换，导致镜头剪接生硬、不流畅，影响观看效果。

当然，更普遍的问题还在于表演者缺乏表演技巧和艺术手法。因为大多数短视频的演员没有受过专业训练，不能很好地传递出人物角色的表情、动作和内心活动，表演显得虚假而做作，缺乏真实感，只是机械地念着台词。因此，他们也不能像真正的表演艺术家那样给观看者带来审美享受。不过，随着参与者的增多和剧情模式的短视频创作经验的积累，剧情

---

① "种草"，网络用语，是指分享和推荐某种商品以诱人购买的行为，普遍流行于各类美妆论坛和社区。

② "跳轴"，又称"越轴"。在拍摄运动物体时，运动物体和运动方向之间形成一条虚拟的直线，称作"轴线"。摄像机机位只能处于轴线的一侧，如果越过轴线拍摄，就会造成画面逻辑的混乱，出现"跳轴"的现象。

模式的短视频也在不断地提高艺术水准，相信未来他们在短视频艺术的版图上能开拓出一片新的天地。

第四节　言辞模式

一、言辞模式的含义及来源

言辞模式，主要指人物面对镜头或者在画面中面向他人进行语言表达。这种模式的显著特点，就是一个人面向镜头说话。声音所表达的内容是这类短视频艺术的核心，或者说，这类短视频的艺术性体现在其内容和声音表达方面。这是对电视表达模式的一种借用。在电视节目中，不管是播音员还是主持人都会有意识地面向镜头说话，营造出一种与观众直接交流的氛围；在短视频中，也是如此。

在观众看来，面对镜头说话就是，你在说，我在看（听）。电视镜头通过这种正面直视的角度，使播音员、主持人看起来仿佛是对着观众说话，这种镜头的角度建构了他们与观众之间的一种"你我关系"。在英国作家罗伯特·艾伦看来，这是一种电视言辞模式，"通过直接招呼观众而模拟面对面相遇"[1]，试图营造的是一种直接的人际交流感。罗伯特·艾伦比较了电视言辞模式与电影模式的区别，他认为好莱坞电影模式，就是"煞费苦心地将其运作掩盖起来。它偷偷地攫取观众的注意力，使观众变为电影世界的隐蔽的观察员，这个电影世界看起来形式完美，内容独立"。同时，"电影表演的大忌之一就是眼睛正对镜头，因为这样就有可能会打破电影现实感的幻觉，因为直面镜头会让观众意识到横插在他们与电影屏幕世界之间的电影制作设备"[2]。由此可以看出，电视言辞模式与电影模式

---

[1] 罗伯特·艾伦. 重组话语频道：电视与当代批评理化 [M]. 牟岭，译. 2 版. 北京：北京大学出版社，2008：106.

[2] 罗伯特·艾伦. 重组话语频道：电视与当代批评理化 [M]. 牟岭，译. 2 版. 北京：北京大学出版社，2008：105.

的一个根本区别，就是电视言辞模式将观众变为电视的一部分，而电影模式则让观众始终处于一个旁观者的地位。上文提及的短视频剧情模式采用的就是一种电影模式。

由于言辞模式有利于言说者与观众之间建构一种"你我关系"，那么就要求观众具有较高的参与程度，因为这样可以最大限度地唤起观众参与对话的欲望。同时，言说者以真实身份与观众见面，很容易获得对方的信任，所以对于言说者所分享的商品观众会很乐意去购买。因此，言辞模式既是方便进行"种草"和带货的短视频模式，也是快速变现的方式之一。

当然，并非只要采用了言辞模式就一定能获得成功。这其中还要看言说者如何找到自己的受众定位、市场定位和风格定位，即做好所谓的"人设"打造。

"人设"是人物设定的简称，又称"角色设定"，不仅包括人物的基本设定（如姓名、年龄、身高、外形、服饰等），还包括人物的社会身份、个性风格、擅长领域等。"人设"的概念最开始出现在娱乐圈，一些外形姣好的年轻男女被娱乐公司以"商品"的形式推向市场，并给其贴上某种标签，以满足某一部分青少年的喜好。这些明星不同于传统影视演员，他们普遍没有什么演技，专业技能也不突出，所谓的唱跳功底，也就是在舞台上蹦蹦跳跳、闹腾闹腾，但是青少年并不在乎他们有没有演技，只要他们看起来"帅""酷""暖""飒"就可以了，青少年会像疼爱自己的宠物一样去喜欢他们。这种明星"人设"在网络时代基本上就是经纪团队和粉丝们联手炒作的产物，好的"人设"能够帮助明星迅速吸粉，有利于媒体营销。因此，"人设"从本质上讲是用来销售的商品，是将人"物化"的方式之一。"卖人设"就是明星依靠设定的人物性格，迅速圈粉，吸引受众。在粉丝经济时代，只要能迎合大众的喜好，打造积极向上的"人设"，明星的热度就会提升，收益也会随之水涨船高。而"卖人设"的风险是"人设崩塌"，即明星身上出现了与其"人设"形象不符的言行举止，以至于让粉丝震惊或失望。

短视频中的"人设"打造，往往是其内容创作者或 MCN 机构根据内容创作者的个人特点、擅长领域和形象风格来确定内容定位、受众定位和市场定位。MCN机构会从微博、微信、小红书等平台上去发掘所谓的"素人",并根据其个人情况来挖掘其适合的领域,为其量身打造某种"人设",来吸引粉丝,进行"种草"和带货。这个过程中,研究短视频创作者本人和受众市场的契合度便成为一门新的学问,它集市场营销学、社会心理学、传播学、艺术学等多门学科的知识于一体,并在实践中进行创造性运用。

二、短视频言辞模式的艺术性体现

有人说,短视频言辞模式不就是一个人面对着观看者说话吗?又何来艺术性可言呢?

笔者认为,且不论语言艺术(如相声、说唱等)是艺术的一个门类,就短视频言辞模式来说,其艺术性体现在以下三个方面:

第一,言辞表达的内容须精心打磨。受短视频时长的限制,其演员必须开门见山才能吸引观看者,不能有太多的铺垫,还要讲究逻辑严密、层层设套、环环相扣,才能吸引观看者更多的注意力。由于短视频平台特殊的算法机制的存在,每一个短视频完播率的高低意味着其质量的高低,这也促使短视频创作者将高完播率作为自己追求的目标。短视频创作者将言辞内容打造得精致和凝练,需要经过严密的策划,撰写好内容文本,并进行反复练习,直至将其背诵下来。这个内容文本是沿着一个层层递进的思路组织起来的,讲究一定的逻辑性。这种在内容上追求高品质是短视频与网络视频直播的最大区别。网络直播中的主播也会通过言辞与观看者进行对话交流,但那种交流是互动式的,带有许多即兴的成分,具有较强的随机性和临场发挥性。

第二,短视频言辞模式对讲话者的声音条件有一定的要求。短视频言辞模式主要靠声音来传递内容,因此讲话者必须吐字清晰,具备较好的音色和口才。如果一个人的声音不能被其他人听清楚,那么他想传达的内容就无法被其他人所接受;如果一个人的声音不好听,那么他想传达的内容恐怕也难以让短视频言辞模式被很多人喜欢。当然,也有一些人为了追求声音的独特性,故意用夹杂着方言的声音说话,这会树立一种独特的"人设"形象，但是这样一来对其内容的要求更高，而且对这类说话方式也要进行一种夸张或表演化的处理，使其具有某种仪式感。

第三，短视频言辞模式一般以近景画面出现，人物的面部表情是其表现力的重要体现。这种近景或特写镜头带有强烈的情感色彩，属于吉尔·德勒兹所说的"情感-影像"，"特写镜头把面孔变成了纯情感材料"。[1] 在短视频言辞模式中，短视频的讲话者除了会认真打磨其讲话的内容之外，还会非常在意自己的面部表情，他们的讲话是一种带有表演性质的说话，而非日常生活中的那种随意的、即兴交流的说话，因此他们会非常注重说话节奏和肢体动作的配合，以及面部表情的管理。短视频的讲话者会一遍遍地重录，一遍遍地审查，直到自己满意为止，因为他们知道，一旦视频上传和发布就有可能被观看者审视，甚至被观看者反复观看，所以他们必须认真对待，将每一段话都像艺术品一样去打磨。

综上所述，四种影像构成模式各有其特征，呈现出一种以市场营利为导向的迭代过程。普通人一开始接触短视频，一般会选择从空镜模式入手，继而逐渐过渡到动作模式，为的是找到适合自己的变现方式。例如，一些容貌、身材姣好的女性短视频创作者，往往会选择动作模式的短视频，面向镜头"巧笑倩兮、美目盼兮"，以优越的外形条件来吸引男性观看者关注和点赞，同时关联直播，在直播中依靠打赏或带货来营利。一些影视公司或广告公司往往一开始会奔向剧情模式，为的是能够在剧情中植入广告，或者通过短视频账号来吸引广告商，这在本质上还是一种传统的影视生产思维。而一些专门的MCN机构则会凭借其市场经营和销售经验，直接选择言辞模式，根据市场定位和受众需求将短视频创作者打造成某一领域的带货"网红"。

虽然四种影像构成模式在营利方面各有自己的套路，但具体到某个短视频，这四种影像构成模式并不是决然分开的，而是互相渗透的。例如，在动作模式的短视频中也会有言辞，画外音会经常出现在这类短视频中，

---

[1] 吉尔·德勒兹. 运动-影像[M]. 谢强, 马月, 译. 长沙：湖南美术出版社, 2016：165-166.

作为某个场景的解说或者氛围的营造。而在剧情模式的短视频中，也常常伴随着言辞和动作。通常短视频创作者为了使剧情富有深意，可以适当融入感情，以问题作为结尾，由此引发观众的思考。

我们之所以对短视频艺术进行这样的一种影像构成方面的分类，并不是要"画地为牢"，让创作者去遵循这些类型来进行创作。恰恰相反，我们希望通过这些类型，让创作者更好地认识不同短视频影像构成的特点，使其能够根据这些特点来进行构思和策划，根据内容选择形式，把不同类型的影像构成模式混搭在一起，从而实现短视频艺术的影像创新。

在短视频艺术海量的创作者中，尽管有很多人梦想当"网红"，从而获得高收益，但要看到的是，短视频平台是一片竞争异常激烈的"红海"，并不是每个投身其中的人一定能成为"网红"；同时，即使已成为"网红"的短视频创作者，也往往会患得患失，承受着巨大的、不确定性的压力。对于普通人来说，短视频艺术并不只是用来谋利的工具，它还有着更多的传播功能、文化价值和社会价值。

第四章
短视频艺术的传播功能

任何艺术只有在传播中才能实现其艺术价值，传播可以说是艺术的内在属性，艺术与传播宛若一枚硬币的正、反两面。短视频作为一种基于数字移动新媒介的影像艺术形态，其艺术价值的实现离不开其传播属性。因此，传播功能是短视频艺术特质的重要面向，考察短视频艺术的传播功能，是我们深刻认识和理解短视频艺术的重要进路。

本章将从五个方面对短视频艺术传播功能进行论述。相较于传统影视艺术，短视频艺术的传播功能主要立足于与主体、地方、生产、生活、历史关系的重建。这种重建不是对传统影视艺术功能的颠覆，而是在传统影视艺术未能到达或曾经忽略的地方，建立一种新的连接。

第一节　重建与主体的连接

所谓主体，在哲学上是指对客体有认识和实践能力的人，是客体的存在意义的决定者。法国心理学家雅克·拉康认为，主体就是自我，人从镜子中得到一个关于自己的映像，这个视觉的形象与自我感觉合为一个结构，形成了个体对于自我存在的认证。奥地利心理学家西格蒙德·弗洛伊德借助"纳西索斯自恋"[①]的隐喻，提出自恋是一种自我确认的方式，主体通过自我的映像这一媒介，达到了一种对于自我的认证。这些论述都说明了镜像或映像在建立主体或自我过程中的重要作用。

一、传统影视艺术中的主体

1. 传统影视艺术中"受众"的"主体-位置"

在传统影视艺术中，由于掌握拍摄工具的是少数职业人群，因此能够得到机会出现在传统影视镜像中的普通人少之又少，而那些出现在传统影视艺术作品中的人物，大部分是具有表演或其他才艺的专业人士，他们在

---

① 纳西索斯是希腊神话中俊美的男子。他爱上了水中自己的倒影，却不知那就是他本人，终于有一天他赴水求欢溺水死亡。众神出于同情，让他死后化为水仙花。后来，西格蒙德·弗洛伊德将"自恋"（narcissism）这一词语融进了他的有关性心理发展的理论中。

其中演绎他人的故事，传递的主要是导演、摄影师等人的主体意识和审美趣味，演员的主体性需要融入角色的扮演中。在这样的情况下，观众的主体性往往以被询唤的主体身份出现在导演为其设定的位置上，成为法国哲学家米歇尔·福柯所说的某种"话语构成体"所生产的对象。米歇尔·福柯认为，一个"话语构成体"既生产了"知识的对象"，又生产了"一个专为主体而设的位置"，"话语把观者作为一个主体来建构"。① 也就是说，电影、电视剧通过摄影视角、叙事视角和话语方式，将观众定位到某个人物的立场上，将观众置于剧中某个说话主体的位置上，从而定位观众的立场，使观众也被置于影视剧某种话语的主宰之下。

面对这样的"主体-位置"，观众所能够采取的策略就是英国学者斯图尔特·霍尔所说的受众在接受大众传媒产品时的三种可能的解读方式，即主导霸权式解读、协商式解读和对抗式解读，在这种由大众影视媒介占据绝对主导的生产格局中，斯图尔特·霍尔赋予受众一方在"意义生产"中的主体地位，"'意义的获得'必须包括一个积极的解释过程。意义必须得到积极的'阅读'和'解释'……作为观察者、读者或观众，我们获得的意义绝不是说者或作者或别的观察者给出的意义"②。但是，不得不承认，不管受众采用怎样的解读策略，它不过是在一个框定了的话语结构中展开，受众的主体性说到底在影视艺术的生产过程中是缺失的。

2. 传统影视艺术中女性主体性的缺失

传统影视的拍摄工具一般体积大、重量大，往往掌握在男性从业者手中，在影视工业化的流程中，导演、摄影师及其他岗位上的工作人员也是以男性居多，这就导致了传统影视艺术中男性视角的普遍存在，其主体性往往体现了男性的立场，而女性往往沦为被凝视或被观看的"他者"。女性在传统影视艺术中存在着主体性的缺失。

英国女性主义电影理论家劳拉·穆尔维指出，电影提供了窥视欲的快

---

① 斯图尔特·霍尔. 表征：文化表征与意指实践 [M]. 徐亮，陆兴华，译. 北京：商务印书馆，2013：89.

② 斯图尔特·霍尔. 表征：文化表征与意指实践 [M]. 徐亮，陆兴华，译. 北京：商务印书馆，2013：47.

感,西格蒙德·弗洛伊德把窥视欲与作为客体的他人联系起来,使他们从属于一种控制性的和好奇的凝视之下。"在一个由性的不平衡所安排的世界中,看的快感在主动的/男性和被动的/女性之间发生分裂。决定性的男性凝视把它的幻象投射到相应风格化的女性形体上……女性同时被观看和被展示,她们的外貌为了强烈的视觉和色情冲击而被编码,从而能够把她们说成具有被看性(to-be-looked-at-ness)的内涵。"① 在这样的情况下,女人作为被观看者,而男人则作为看的承担者。"电影为女人的被观看建造了通往奇观本身的途径。利用作为控制时间维度的电影技巧(剪辑、叙事)和作为控制空间维度的电影手法(距离的变化、剪辑)之间的张力,电影的编码创造出一种凝视、一个世界和一种客体对象,因而制造出一种按欲望度量剪裁的幻觉。"②

影视中性别身份的研究认为,"女性被刻画的方式"是评判一部影视作品中女性是被表现为主体还是客体的重要尺度。很多电影和电视节目为了迎合男性的喜好,而将女性定义为"被凝视的客体"——"这种针对'愉悦'的编码意味着摄像机是站在男性的位置上彰显世界的,即摄影机具有一种男性气质……在大多数叙事中都是男性角色框定故事情节,虽然也有女性,但她们往往都是作为欲望的客体,推动情节发展罢了……女性很少发言"③。这意味着在男权叙事话语中,女性常常处于失语状态,是被言说的"他者"。

随着西方肥皂剧的兴起,越来越多的女性能够在电视剧中自由地表达自己的观点。因此,有研究者认为肥皂剧是女性化的影视类型。"肥皂剧在结构上是关于个人生活没完没了的对话,这一结构,在家庭特别是意识

---

① 劳拉·穆尔维. 视觉快感和叙事性电影 [M] //杨远婴. 电影理论读本. 北京:世界图书出版公司,2011:526.
② 劳拉·穆尔维. 视觉快感和叙事性电影 [M] //杨远婴. 电影理论读本. 北京:世界图书出版公司,2011:531.
③ 劳伦斯·格罗斯伯格,艾伦·渥泰拉,D. 查尔斯·惠特尼,等. 媒介建构:流行文化中的大众媒介 [M]. 祁林,译. 南京:南京大学出版社,2014:246.

形态框架内，定位了观众。这种定位与好莱坞电影中的定位是迥然不同的。"① 因为要表现女性在剧中不停地进行对话，摄像机也不得不将女人置于叙事的中心。在这样的叙事过程中，女性角色可以发出自己的话语，这有助于建立女性在剧中的主体地位。

文化表征理论认为，"近景谈话"在文化上是被定义为女性化场景。与电影偏重行动表现形成对比的是，肥皂剧具有一种"对于谈话的偏好"，其典型的镜头设置是"近景两人镜头"，这导致了一种"两个说话的脑袋正亲切地交谈或争吵的戏剧"。同时，谈话提供了社会行动的一种不同模式：对话、流言、对个人和道德问题的解剖，以及在危急时刻的吵架。"以这种形式出现的谈话在文化上是被定义为女性化的，牵涉到由女人们在她们所生活的特定的社会-历史情形中发展出来的那些理解的技巧和方法的运用。它因而是确立一种女性文化逼真的关键，与以男性为导向的文类致力于动作相对立。"②

二、短视频艺术对于主体的重建

在短视频艺术中，摄影机小巧灵活、操作简单，且制作仅靠简单的手机软件就可以完成，这大大提升了普通大众的影像表达能力。越来越多的传统影视时代的观看者，摇身一变，成为影像的创作者，从而让短视频艺术成为重建受众主体地位的重要载体。

短视频重建主体的方式主要体现在两个方面：一是作为创作主体，二是作为言说主体。

所谓创作主体，是指在短视频的拍摄、剪辑、上传等制作环节成为主导者，短视频创作者可以根据自我意愿和趣味来选择并决定短视频的内容和风格。短视频创作者会按照自己的方式来塑造自我，按照自己对审美的想象来表现自我，随时审查拍摄效果是否符合自己的意志。当短视频上传

---

① 罗伯特·艾伦. 重组话语频道：电视与当代批评理论 [M]. 牟岭，译. 2版. 北京：北京大学出版社，2008：267.

② 斯图尔特·霍尔. 表征：文化表征与意指实践 [M]. 徐亮，陆兴华，译. 北京：商务印书馆，2013：381.

后,其创作者会以主体的身份与留言者进行互动。

所谓言说主体,是指能够在短视频中开口说话并进行话语表达,从而确立自己是言说方式的主导者。文化研究学者认为,说话者能够谈论自己,是一种主体性的体现。主体性"是一种存在(existing)的感觉……主体性使得人们可以'以自己为话题'与自己对话,并促使人们使用创造性的语言表情达意"①。从这个意义上讲,能够说出自己的体验或心里话就是一种主体性的体现。如果不能自己说出来,而是被他人说出来,则有可能被当成客体。因此,正是谈话或交谈让说话者在短视频中能建构自己的主体性。

在语言哲学界,这样的论断也有相关的呼应。语言哲学认为,语言的产生不可避免地催生了其使用者的"自我概念",从而建构人的主体性。"言语者用人称代词'我'建立起一个观察和认识主体,从而建构自我意识和自我概念……为了表述和交际,言语者总是先构建自己为言语主体。言语就是人的主体性载体。语言提供主体的表达形式,而语言形式的使用,即具体的言语行为,则产生人的主体性。"②

根据以上的分析,我们可以看出,言语者通过成为创作主体和言说主体的方式,使短视频艺术重建了与主体的新型连接。各种各样的社会群体通过短视频建立自己的主体地位,并面向社会大众说话,塑造着自己的新形象。在这些人群中,最典型的三类人群应该是老年群体、青年女性群体、少年群体。

在传统影视中,这三类人群基本处于"被言说的他者"的地位:老年群体作为子女的依靠而存在,青年女性群体作为男性群体的审美对象或凝视客体而存在,少年群体作为家庭中年龄较小的、容易被忽视的成员而存在。这三类人群作为主体的人格意志、精神世界、理想追求、价值观念等往往是不被尊重的,甚至常常是被扭曲的。

短视频艺术提供了让这三类人群走到前台成为主体来言说自己的机

---

① 劳伦斯·格罗斯伯格,艾伦·渥泰拉,D. 查尔斯·惠特尼,等. 媒介建构:流行文化中的大众媒介 [M]. 祁林,译. 南京:南京大学出版社,2014:258.
② 成晓光. 语言哲学视域中主体性和主体间性的建构 [J]. 外语学刊,2009(1):10.

会。在短视频艺术中，老年群体、青年女性群体、少年群体以自己的主体身份出镜说话，讲述他们自己的工作和生活，展示他们自己的技能或才艺，并以主体身份与评论者进行互动。

据QuestMobile研究院发布的2021银发经济洞察报告显示，截至2021年10月，50岁以上移动网民月活用户已达到2.51亿人，同比增长了19.3%。银发人群（老年群体）的娱乐生活方式也在发生变化，其中短视频、在线视频是其主要的娱乐方式。在娱乐类应用中，银发人群对于短视频平台具有较高黏性，其月活用户规模在短视频平台上同比增长49.6%。[①] 老年群体通过短视频进行自我表达和寻求认同，而随之产生的"银发网红"更是展现了当代老年群体的生活多姿多彩。在这些"银发网红"以自己的主体身份，重新掌控话语的主导地位，发出抵抗衰老、倡导乐观生活的声音，同时以自己的审美方式展现自己的身体。例如，截至2022年1月7日，拥有719.2万粉丝、获赞量达8 233.3万次的"小顽童爷爷"在短视频中经常身穿粉色等浅色系的衣服，戴着可爱的青蛙帽子进行表演，而他的身体表达基本以各类手势舞为主，如手势舞"切土豆""等爱的玫瑰""越南鼓卡点舞"等，展现了老年人的生活丰富多彩。

青年女性群体是短视频艺术在崛起过程中的主力军。可以说，正是青年女性群体大量地使用短视频，促进了短视频应用和网络直播的迅速发展。一开始，青年女性群体利用自己姣好的容貌和曼妙的身材，以吸引男性观看者。但慢慢地，许多有思想、有见地的青年女性开始通过短视频进行发声，她们不仅表达青年女性对自我的认识，也表达社会对青年女性的看法和观点，从而让青年女性的话语得以大量地进入媒介空间和社会空间。

与此同时，青年女性群体掌控了短视频影像的拍摄权利和拍摄技能，她们主导了关于能青年女性影像的表达方式，虽然其中仍然存在着作为被男性凝视的客体的青年女性形象，但是这与传统影视艺术中青年女性作为

---

① QuestMobile研究院. QuestMobile2021银发经济洞察报告［R/OL］.（2021-12-07）［2021-12-20］. https：//www.questmobile.com.cn/research/report-new/183.

被凝视的客体有着本质不同。后者是被动的，而前者则是主动的——青年女性主动以被男性凝视的客体形象来呈现自己，为的是达到自己的商业目的，以此来"吸粉"和"涨粉"，从而获得掌控权。这实际上是把男性目光置于青年女性自己的操控之中，以凸显自己作为青年女性的主体地位。

少年群体拥有青春和活力，个性张扬，有着展现自我的社交需求。而短视频作为个性表达的平台，可以让少年群体参与短视频的创作，认识世界、获取知识、发挥创意，从而获得成就感。少年群体通过短视频平台，不仅可以娱乐，还可以学习课外知识，了解时政新闻。但同时，少年群体由于缺乏自制力，面对短视频的内容容易沉迷其中，不利于其学习和身体的健康。

2019年3月28日，在中共中央网络安全和信息化委员会办公室的组织下，国内多家短视频平台试点上线了"青少年防沉迷系统"，试图通过短视频浏览时长、短视频内容等方面的控制来降低青少年沉迷短视频的可能性。因此，我们既要维护互联网秩序，引导少年群体用好短视频，又要避免少年群体沉迷短视频而忽视学习的重要性。

从非表征理论的角度来看，短视频艺术帮助我们从实践的角度而不是从认知的角度去了解世界，主要关心的不是世界真正是什么，而是普通的日常实践活动，"通过这些实践我们成为去中心的、有情感的，但却是具身的、相关的、表达的且在一个持续运行的世界中牵涉到他人和物体的主体"[①]。

第二节　重建与地方的连接

一、地方的概念及其与传播的关系

空间与地方是人文地理学关注的核心概念。人文地理学认为，当你在一个空间中添加了你的东西，并划定了你的归属权的时候，这个空间就成

---

① 李淼，谢彦君. 何为"表演"？——西方旅游表演转向理论溯源、内涵解析及启示 [J]. 旅游学刊，2020（2）：125.

了你的"地方"。因此,地方是"人类创造的有意义空间"和"人以某种方式而依附其中的空间"。① 正如美国华裔地理学家段义孚所言:"一旦空间获得了界定和意义,它就变成了地方。"② 从这个意义上讲,"地方是一种价值的凝结物"③。

在厘清地方的概念之后,人文地理学把地方界定为一种观看、认识和理解世界的重要方式。"当我们把世界视为含括各种地方的世界时,就会看见不同的事物。我们看见人与地方之间的情感依附和关联。我们看见意义和经验的世界。"④"人之所以为人的唯一方式,就是'位居地方'(in place)。"⑤

虽然地方如此重要,但长期以来一直被媒介机构所忽略。美国传播学者詹姆斯·W.凯瑞指出,西方对于传播的认识一直是一种"传递观"——把传播视为信息的"传递"。"在我们思想的最深处,对传播的基本理解仍定位于'传递'这一观念:传播是一个讯息得以在空间上传递和发布的过程,以达到对距离和人的控制。"⑥ 在这种"传递观"看来,"传播作为'用时间消灭空间'的工具,自然将空间视为阻力和障碍,充其量不过是背景和容器,由此造成传播学者对地理学的长期漠视"⑦。同时,传播"跨越"了空间与地方,削弱了社会行为与场景和地点的联系,导致了"地域的消失"。

伴随着地理学的传播转向,美国学者保罗·亚当斯认为,地理与媒介

---

① 蒂姆·克雷斯韦尔. 地方:记忆、想象与认同 [M]. 徐苔铃,王志弘,译. 台北:群学出版公司,2006:14.
② 段义孚. 空间与地方:经验的视角 [M]. 王志标,译. 北京:中国人民大学出版社,2017:110.
③ 段义孚. 空间与地方:经验的视角 [M]. 王志标,译. 北京:中国人民大学出版社,2017:9.
④ 蒂姆·克雷斯韦尔. 地方:记忆、想象与认同 [M]. 徐苔铃,王志弘,译. 台北:群学出版公司,2006:21.
⑤ 蒂姆·克雷斯韦尔. 地方:记忆、想象与认同 [M]. 徐苔铃,王志弘,译. 台北:群学出版公司,2006:40.
⑥ 詹姆斯·W.凯瑞. 作为文化的传播 [M]. 丁未,译. 北京:华夏出版社,2005:5.
⑦ 袁艳. 当地理学家谈论媒介与传播时,他们谈论什么?——兼评保罗·亚当斯的《媒介与传播地理学》[J]. 国际新闻界,2019(7):158.

互相交织,可以分为互为关联的两个部分:空间中的媒介与媒介中的空间、地方中的媒介与媒介中的地方。这整合了各种地理学派对于地理与媒介关系的认知。而且,保罗·亚当斯还在马歇尔·麦克卢汉所说的"媒介即讯息"的基础上提出了"媒介即地方"的观点。比如电视,它不仅不会像许多人本主义地理学家担心的那样会带来"地方感的消失",而且还在创造另一种地方。只要我们不把电视等同于电视节目,不把地方与地点画上等号,那么电视显然和建筑一样都是重组社会交往和管理社会边界的"相聚之地"。马歇尔·麦克卢汉说"媒介是人的延伸",保罗·亚当斯又往前跨越了一步,提出自我是由"身体"与"身体之延伸"共同组成的"延伸性自我"。"前者根植于特定时空,受到感官的限制,相对稳定;而后者则产生于人们与世界的互动,变动不居。媒介为发展'延伸性自我'提供技术条件,也规定着它的边界。"[1] 媒介的社会意义不止于传递或是表征,而是在此处和远方、自我与外界之间建立动态的联系,赋予人类生活无穷的可能性。

受媒介与人文地理学启发,大卫·莫利、尼克·库尔德里等人将"媒介"与"空间"的深度融合和关系重构,作为理解当今社会媒介化和流动化趋势的重要切入点。斯科特·麦夸尔进一步提出"地理媒介"的概念,认为新技术媒具有"融合、无处不在、位置感知和即时反馈"等传播特点,从而成为如今"地点制造"的重要方式。"移动和植入式媒介设备连同被扩展后的各类数字网络,将城市重造为媒介内容与网络连接'无处不在、无时不在'的媒介空间。"[2] 而这些媒介空间又与地理空间中的位置紧密关联,位置感知"将个人用户在城市环境中自由的活动与大规模数据分析及位置追踪功能结合起来,形成了新的城市逻辑"[3]。而多人对多人的实时反馈,则提供了新的社会共时性体验,在各种行为主体之间创造出新的

---

[1] 袁艳. 当地理学家谈论媒介与传播时,他们谈论什么?——兼评保罗·亚当斯的《媒介与传播地理学》[J]. 国际新闻界, 2019 (7): 168.
[2] 斯科特·麦夸尔. 地理媒介:网络化城市与公共空间的未来 [M]. 潘霁, 译. 上海:复旦大学出版社, 2019: 2.
[3] 斯科特·麦夸尔. 地理媒介:网络化城市与公共空间的未来 [M]. 潘霁, 译. 上海:复旦大学出版社, 2019: 3.

协调和传播形态，全面渗透到日常生活的缝隙之中并使之更为多样化。而融合又将传统媒体的转型和新兴媒体的涌现整合在一起，凸显了当下社会交往过程中中介和主体之间日益复杂的关系。"数字媒介越来越变得个人化并被植入现有的生活环境：媒介技术常被用于激活本地场景并与特定地点建立连接。换而言之，数字媒介既帮助人们从'地点'解放出来，又成为如今地点制造的重要形式。"①

二、短视频艺术与地方的新型连接

前文已述，短视频艺术与传统影视艺术的重要区别之一，是短视频艺术的影像与新媒介艺术的影像深度关联。这种关联让短视频艺术也自然越来越多地用于激活本地场景并与特定地点建立连接，成为制造地点、营造地方的重要推动力量。"网红城市"、热门打卡地、特色景观等文化新地景的制造与传播，彰显着短视频艺术的传播与地理空间之间的关系变革，构成了一种全球化和数字化背景下的"再地方化"力量。虚拟位置与物理位置通过人和短视频艺术影像的融合，交织在一起，人与影像时时刻刻处在实体与虚拟的双重世界，创造了短视频艺术影像在移动网络社会崭新的社会价值。

短视频艺术与地方的新型连接，谱写了新的影像实践的故事，需要我们将表征范式与非表征理论结合起来形成新的考察视角，运用田野调查和民族志等全新的研究方法去深入感受、体验和描绘。

第三节 重建与生产的连接

一般来说，广义的生产是指人类从事创造社会财富的活动和过程，包括物质财富、精神财富的创造及人类自身的生育，又称"社会生产"。本

---

① 斯科特·麦夸尔. 地理媒介：网络化城市与公共空间的未来［M］. 潘霁，译. 上海：复旦大学出版社，2019：5.

节所说的生产，主要是指物质生产和文化生产两个方面。也就是说，短视频艺术通过传播重建了与物质生产和文化生产两个方面的连接。

一、短视频艺术与物质生产的连接

所谓物质生产，是指生产或制造可以满足人类生活需要的农业产品和工业产品，包括人们维持正常生活的衣、食、住、行、用所需要的所有物质财富。人类安排生产的方式，迄今为止大致经历了小农经济时代和大工业生产时代，现在正迎来信息化、智能化生产的时代。从经济组织形式来看，经历计划经济时代和市场经济时代。目前，大多数国家的物质生产采用了市场经济体制的运作模式。我国的市场经济体制是社会主义市场经济体制，强调政府调控和市场调节的协同配合。

改革开放以前，我国的农业生产和工业生产，处于以行政管理为主的计划经济运作模式之下，农民生产的农产品由政府根据计划规定，实行统购统销的政策；工人生产的工业产品，也由政府按计划收购销往全国其他地方。实行市场经济之后，农产品和工业产品可以由农民自行决定生产哪类农产品，并自行到城市中销售，或者通过产业化、市场化的销售渠道销往全国；工业产品也可以由科研人员和工人根据市场需求自主研发新的产品，从而让中国的农业生产和工业制造焕发出巨大的活力。

但是，在传统的工业时代，物质生产方式需要工人到一个固定的生产车间，销售和经营也需要依赖特定的组织渠道，因此常常会出现市场信息不畅或信息不对称，导致产品挤压的现象，而真正需要的人群又无法买到需要的产品；农产品则过于依赖收购、运输和销售的中间交易公司，导致其价格被压得很低，市民又抱怨菜价高、肉价贵，大量的差价利润为中间商所赚取。

随着网购、电商、微商的崛起，这种传统的生产销售格局正在被重塑，而短视频传播与网络直播的出现，则让以上所有的消费行为全部被影像化、视频化，从而让影像产生了与物质生产相互关联的一种新型连接。特别是在2020年新型冠状病毒肺炎（以下简称"新冠肺炎"）疫情防控期间，由于传统的人与人、人与物的接触式销售方式受到疫情的影响，网络购物一跃成为物质产品流通的重要方式；同时世界各国疫情防控所导致的物流不畅，国内农产品和工业产品的销售迅速聚集到网络空间，短视频购物、网络直播带货迅速成为互联网业态新的"风口"。其中一个比较突出的现象就是各地各级政府官员（如县长、副县长、镇长等）出镜拍摄短视频，以此来帮助当地农民销售特色农产品。而在抖音等各类短视频平台上，人们看到各类工农业产品通过短视频平台可以直接进行购买，短视频让商品性能得以充分展现，让商品选择变得清晰可见，而手机支付系统又让商品购买行为变得简单易行。

普通的农民和城市小商贩更是利用短视频影像和直播带货，发展出"网红商店"或"网红农产品基地"。各种以短视频和网络直播为主要销售方式的电商小镇纷纷崛起，短视频和网络直播与生产基地的结合，更是让农村的专业化、规模化、高端化生产基地遍地开花，大大提升了农产品的产品质量、销售速度和生产效益。这一系列变化的本质是短视频和网络直播让传播变得"扁平化"，普通人之间可以互相连通、随时互动，实现了对普通个体的赋能，提升了人们对生活的积极性和主动性，也让生产规模得以不断壮大。

二、短视频艺术与文化生产的连接

书籍、报刊、电影、广播、电视等作为传统文化的生产载体，其组织方式也是偏向于工业化的。书籍、报刊由专门的出版机构来把控，电影由专门的电影公司、电影制片厂等机构来把控，影院销售则由政府所主导的电影院来把控，广播和电视从生产到销售都是由专门的媒体机构来把控。

在澳大利亚文化研究学者约翰·哈特利看来，传统的文化生产机构的产能是不足的，严重影响了一个社会文化生产的规模和效应。几十年来，广播、电视与电影媒体没有试着扩大文化生产的规模，因为这些媒介机构每天总忙着扩大听众、观众的规模，对于规模与组织的理解总是聚焦在发行与流通领域，而非制作层面。"像电视或电影这种以时间为基础的媒体，从未扩大它们的内容规模，只是每个月（电影）或每天（电视，在它景况好的时候）丢出几个小时的新素材罢了。"① 为什么这么说呢？因为广播、电视与电影媒体的"供给端"是非常受限且热衷于闭门造车的，澳大利亚学者约翰·哈特利将其称为"封闭的专家系统"。普通民众或消费者在传统的文化生产模式中是缺席的，他们只是观众。虽然他们可以在消费过程中选择自己的认同态度，但是无力撬动这一传统的文化生产格局。

数字化的新媒介影像重建了与文化生产的连接，短视频艺术和网络直播影像激活了普通个体的文化生产力，让影像类的文化产品铺天盖地地增长。"它让个人表达变成普遍的行为……个人的独特表达是讲述故事的核心，比如何安排其他符号元素更为重要。"② 叙述的亲近性、个人情感优于形式的实验或技术的创新使用，这是因为即便缺少感性元素，个人也能够凭借真实性来感动他人。

艺术是文化生产中的重要部分。在短视频艺术中，所有艺术门类都在短视频中被呈现出来，得到无数民间艺术爱好者的推崇，这些短视频又经过新媒体的广泛传播而得到弘扬；与此同时，新的艺术形式在短视频艺术影像中不断地试验和创生，以虚拟现实、增强现实等新影像技术为支撑的各种艺术形式的探索，都在短视频中得到运用、讨论和传播。这种短视频艺术的创新形式，不仅开阔了人们的眼界，形成了某种风尚，也进一步影响了传统影视媒体的影像创新。例如，2021年春节期间出圈和爆红的河南卫视春晚节目《唐宫夜宴》等，就学习和借鉴了许多新影像技术，并将其创造性地运用到了春晚节目的创意和制作中。

此外，短视频艺术中的新影像技术和新影像形式的使用，也影响到实体空间中新文化地景的创造。例如，苏州著名的园林拙政园就是利用三维图像、虚拟现实等新影像技术，打造了夜晚的拙政园美景，让"拙政问雅"的夜游之旅，迅速成为闻名全国的新型文化旅游品牌。

---

① 约翰·哈特利. 全民书写运动 [M]. 郑百雅, 译. 台北：漫游者文化事业股份有限公司, 2012：175-176.
② 约翰·哈特利. 全民书写运动 [M]. 郑百雅, 译. 台北：漫游者文化事业股份有限公司, 2012：178.

第四节 重建与生活的连接

在传统影视艺术时代，人们对于传统影视艺术的认知范式主要是表征范式，即认为影视或影像是生活的反映、再现和表征。这种把影像与生活分开的二元分立思维，认为生活是生活，影像是影像，二者有着泾渭分明的界限。而观看影视艺术则属于一种艺术欣赏活动或娱乐活动。例如，看电影是一种跳出日常生活之外的特殊仪式，一般在双休日、节假日时才会进行；而电视艺术虽然融入了日常生活，塑造了日常生活中新的娱乐方式，但是电视艺术中所再现的生活世界与观看者的日常生活世界之间还是有着鲜明的界限。家庭世界和电视世界虽然同在一个场景中，却是两个平行的、毫无交集的世界。正如京特·安德斯所指出的那样，"屏幕中的这个世界只是可以看见、可以听见，但是不能接触和改造的世界"①，即一种"幻象世界"。也就是说，传统影视艺术中的影像空间与观看者实际的生活空间是分离的，人们在物理空间中生活，但无法在影像空间中生活。

但是，短视频艺术彻底改变了这一局面。短视频艺术不同于传统影视的关键就在于它与新媒体实践的关联。由于手机可随身携带，拍摄方便简单，无论是自拍还是拍摄他人、景物、事件或活动，都可以随时随地进行。任何人和任何空间都可以瞬间成为影像，进入网络空间进行传播，影像不仅遍及网络空间，而且遍及生活空间，人们随时可以将物理空间和人的活动变为影像，影像又随时可以从网络空间进入现实空间中被观看，影像携带着人的生活穿行于网络空间和物理空间，形成一种新的生活方式。因此，短视频艺术"不仅仅是一种叙事方式，也是交往方式、实践方式，是日常生活的存在方式"②。

孙玮以自拍为例，阐述了短视频艺术如何成为一种新的生活方式：

---

① 京特·安德斯.过时的人：论第二次工业革命时期人的灵魂（第一卷）[M].范捷平，译.上海：上海译文出版社，2010：107.
② 孙玮.我拍故我在 我们打卡故城市在——短视频：赛博城市的大众影像实践[J].国际新闻界，2020（6）：20.

"自拍呈现的是自我的身体、身体的移动轨迹及其与城市的融合景象,这种新型视觉影像实践正在改变人类感知自我、感知世界的方式。"① 孙玮认为,短视频艺术突出了拍摄者的身体与物理空间的感官相遇,以及影像在虚拟空间的呈现与流转,这两个方面缺一不可,构成了穿梭虚实的一个循环。在这个循环中,身体同时处于实体与虚拟的双重世界。"它是艺术与生活的高度融合,这种融合不仅指艺术表现生活,也不仅指大众接触艺术品,上述层面两者的结合历史上早已发生。而是指,这种影像艺术成为一种生活实践,构成了大众城市日常生活的一部分,这种新型的大众艺术不是对于生活的模仿,它就是生活本身。"②

第五节 重建与历史的连接

短视频艺术从两个方面重建与历史的连接:一是从历史的影像书写主体来看;二是从当今社会进入历史的影像方式来看。

一、短视频艺术重建了历史的影像书写主体

历史的影像书写,原来一直是传统影视艺术的专属权利。电影、电视剧中的历史书写比比皆是,如古装剧、历史剧、穿越剧、戏说剧等,不胜枚举。这些传统影视艺术的历史书写大多沿用了文字时代的历史书写材料,而无论是历朝历代对于历史的文字书写,还是电影、电视剧对于历史的影像书写,其书写主体大多是各个时代的史官或者文化精英,他们在书写时往往遵循了每个朝代掌权者的意志或者政治气候。因此,在这种历史书写中,普通民众是缺席的,其生活大多是无法被记述和传播的。

短视频艺术与各种新媒介影像为普通民众进行历史书写提供了技术赋

---

① 孙玮. 我拍故我在 我们打卡故城市在——短视频:赛博城市的大众影像实践 [J]. 国际新闻界,2020 (6):16.
② 孙玮. 我拍故我在 我们打卡故城市在——短视频:赛博城市的大众影像实践 [J]. 国际新闻界,2020 (6):21.

权，人们可以根据自己的理解和研究，以个人的方式谈古论今。更重要的是，短视频艺术和新媒介影像为非专业影视机构进行历史的影像书写提供了技术赋能和传播条件。各种文史机构可以摆脱对影视机构的依赖，根据自己的意愿进行历史知识的传播。各级各类博物馆不仅生产了各种新媒介影像，也革新了历史书写的方式。普通人对历史文物景点的探访，为历史书写增添了个人视角和感性视角。

二、短视频艺术重建了当今社会进入历史的影像方式

时间的流逝，让每一刻、每一天、每一年不断地涌来，又不断地离去，进入历史的长河。因此，每一个时代都有一段进入历史的必然过程，这就产生了一个可能被后人书写这段历史的问题。

在古代社会，文字是历史书写的主要方式，也是人们可以留下书写内容的主要媒介。由于文字具有抽象性，它只能作为一个象征性符号，来供人们想象和理解，但是无法真正被人们看到或听到。对于历史年代的真实面貌，后人只能通过绘画或者钟鼎器物上铭刻的图案来进行想象，但是无法看到那些年代的活动影像，也无法听到那些年代的声音。

传统影视艺术时代，虽然影像具有了记录时代面貌的感性功能，但是由于影视艺术执着于故事的虚构性，影像记录服务于情节表现，并不以记录生活的真实面貌为旨归；而纪录性影像（如新闻纪录片等）则以"形象化政论"作为创作指导思想，执着于让影像服务于主题表达，一些不能产生明确宣传作用的生活镜头就被当作废料舍弃了。因此，传统影视艺术所记录的时代生活是有限的、不充分的。

短视频艺术时代，这一切得到了改变和重写。亿万普通民众所拍摄的短视频艺术作品，让海量的视频影像携带着日常点滴和普通人的生活进入传播空间。这些作品容易被下载、保存和再传播，从而成为记录我们这个时代的新型史料。正如北京字节跳动首席执行官张楠所说的那样，抖音是一个帮助用户传递信息的工具，短视频和抖音带来的是视频创作、分发门槛的大幅度降低，是信息的更快流动和连接，也是一种信息普惠的价值，"每个用户在抖音上留下的每个视频，都会是历史的底本，最终汇集成人

类文明的'视频版百科全书'"①。这是一种非文字的、更为大众化的"史料"。"这些记录或将成为未来历史学家研究我们这个时代的重要史料。如果未来的历史学家对这些史料的载体感兴趣或足够敏感，他会敏锐地发现：在我们这个时代，一种新的媒介形态——短视频正在流行，并日益成为互联网上的一种主导性媒介。"②

从媒介学的观点来看，媒介不仅是一种信息载体，也是一种技术体系和文化体系，还是一种历史结构。"一种新媒体的出现不仅意味着信息生产方式的革新，也意味着围绕它的某种组织性和结构性的变动，并将在社会历史层面上产生重要影响。如果拉长观察时段，我们将会发现，短视频媒介的历史社会学效应首先就表现在它促成了'无名者'的历史性出场。"③

综上所述，短视频艺术正是通过这两个方面重建了与历史的连接，它塑造着历史书写的主体，也通过对生活的影像记录，成为进入历史的新型影像方式。

---

① 梁小度. 抖音新定义：第九大艺术[EB/OL].(2019-12-18)[2021-04-30]. https://www.sohu.com/a/361172993_120216093.
② 潘祥辉."无名者"的出场：短视频媒介的历史社会学考察[J]. 国际新闻界，2020(6)：42.
③ 潘祥辉."无名者"的出场：短视频媒介的历史社会学考察[J]. 国际新闻界，2020(6)：44.

第五章
短视频艺术的审美特性

前几章分别从概念与原理、媒介特征、影像构成和传播功能的角度，讨论了短视频艺术的独特属性。那么，作为一种艺术形式，短视频艺术一定有着在审美方面的独特属性。所谓审美，是指从美学的角度去审视短视频艺术的特点，去判断它美在何处。审美关系是美学研究的出发点，是审美主体与审美对象的"亲和"关系，也是人类以一种无功利的、感性的状态从审美上把握世界和改造世界的关系。由于审美的主体是人，我们可以用一种欣赏的目光和姿态来看待短视频艺术这个审美客体，试图理解和探索这种艺术形式独特的审美属性。

第一节 短视频艺术的个人性

相较于传统影视艺术，短视频艺术最突出的特征是它的个人性。这里的个人性是从两个方面来谈的：一是指短视频艺术的影像方式；二是指短视频艺术的影像内容。

一、影像方式的个人性

所谓影像方式的个人性，是指短视频艺术作品大多以个人形象的方式出现在影像中，或者说，一条短视频中出现的大多是个体。这个特点与传统影视艺术的影像方式大相径庭。

在传统影视艺术中，无论是电影还是电视节目都不大可能在一个节目中只出现一个人的形象，或者是让观众从画面上始终只看到一个人。从这个意义上讲，短视频艺术开辟了一个影像的个人化时代。

既然短视频艺术是个人性的，那么一切的审美活动都会围绕着个人而展开。换句话说，个人身上所有美的东西都被挖掘出来，进入短视频影像中进行传播，被观看者消费；而观看者消费之后，网络空间中又会聚集了影像生产者的人气指数，如粉丝数、点赞量、评论量、转发量等指标，象征着对该短视频账号和创作者的社会评价，也象征着其制作的短视频是否成功。因此，个人性的短视频艺术优先考虑的是个人以怎样的方式来吸引和取悦网络空间的观看者，在这种情况下，"包装个人"就成为一种必然的选择。

在传统影视艺术中，出镜的个体如演员、播音员、主持人，不是代表个人而出镜的，而是扮演某个虚构的角色，代表某个媒体机构，或是代表媒体机构背后的国家、政府。换句话说，传统影视艺术中的出镜者很难按照他（她）自己本来的样子进行呈现。而在短视频艺术中，这一切却恰恰相反——出镜者不是在表演别人，也不是代表某个机构或组织，他（她）就代表他（她）自己。他（她）只需要按照某种市场定位、受众定位和审美定位来打造自己即可。

具体而言，影像方式的个人性又体现在以下几个方面：

第一，"人设化"。所谓人设，即人物设定，原是来自日本动漫艺术领域的一个术语，主要指角色设计或者人物造型。后被引申到社交媒体领域，用来指一个人通过社交媒体中的自我表达所呈现出来的形象。在网络娱乐时代，一些娱乐公司在打造娱乐明星时，也注重对其进行包装，以便促使其获得流量和粉丝，从而获取一定的知名度，进而提高观众对影视作品的关注度，以博取广告商的注意力来获得经济利益。

短视频艺术的个人影像方式和追求成为"网红"的现实动机，让打造"人设"成为一条必由之路，一些MCN机构与短视频创作者共同策划，不断探索和研究市场定位、粉丝黏性和变现方式，从而有针对性地设计短视频创作者的个人形象、社会身份，让影像方式的个性更加符合市场导向。

"人设化"的风险在于真实性的问题。如果为了打造某个人设而弄虚作假，或者出现短视频创作者的言语或行为不符合"人设"形象的情况，那么就容易导致"人设崩塌"。因此，真实性是"人设化"的一个基本原则。如果"人设"弄虚作假，迟早会有露馅的一天。

第二，"身体化"。"身体化"是相对于"精神化"而言的。大众传播媒介一般偏重传播"精神化"的内容，而忽略"身体化"的内容，甚至把讨论或展现人的身体视为一种格调不高的表现，因而对于出镜者的身体呈现有着严格的规定。例如，电视播音员、主持人、演员、艺人的着装、仪态、动作等就有着严格的规定和规训，其目的是不让出镜者的"身体化"

冲淡了传播内容的"精神化"。

而在短视频艺术中,"身体化"恰恰是传播者的主要呈现方式。特别是许多以表现才艺为主的短视频创作者,其影像呈现的主要看点就是他们的身体。他们将自己的身体之美向世人展示,供人观赏,以此赢得观众对自己的关注。在这个意义上,短视频艺术唤醒了媒介中沉睡的身体,让身体获得了应有的尊重,引发了身体之美在媒介中得以堂而皇之地进行呈现的社会风潮。

在短视频艺术出现之前,人们谈论自己的身体或别人的身体都是在现实生活空间中展开的,一般出现在亲朋好友之间,而对于陌生人的身体,大家不会当面进行评论,甚至将评头论足视为一种不礼貌的行为。然而在短视频艺术中,人们不仅肆无忌惮地欣赏别人的身体,大大方方地进行评论,而且短视频创作者会主动邀请人们来对自己进行评价。这是围绕着身体的肉体性、物质性而进行的一种新型审美活动。这不仅拓展了社会交往,也让身体不再是羞于讨论的话题。

短视频艺术的这种身体化个人呈现,需要我们更新认识和拓宽视野。西方社会近年来的"具身思想"理论,为我们提供了这样的理论视角。以莫里斯·梅洛-庞蒂为代表的西方学者,批判了以勒内·笛卡儿的"身心二元论"的思想:心灵可以离开其外延的身体而存在,是不同于身体的实体。勒内·笛卡儿将心灵确立为认知主体,但这一理论将心灵与身体对立起来,切断了二者之间的联系,忽视了认识过程对身体的依赖。莫里斯·梅洛-庞蒂提出的"具身主体性"的概念,将人视为鲜活的、积极的生命体,它的主体性是通过身体与世界交涉的方式得以实现的。在莫里斯·梅洛-庞蒂眼中,"我就是我的身体,我的身体就是我"[1]。旅游学认为,"传统旅游研究过分强调以视觉为中心,导致身体的缺席,'身体通过文本表征的形式被边缘化'"[2]。其实,这样的判断同样适用于影视研究领域。而

---

[1] 李淼,谢彦君. 何为"表演"?——西方旅游表演转向理论溯源、内涵解析及启示[J]. 旅游学刊,2020(2):124.

[2] 李淼,谢彦君. 何为"表演"?——西方旅游表演转向理论溯源、内涵解析及启示[J]. 旅游学刊,2020(2):124.

短视频艺术提供了我们重写认识影像与人之间关系的契机，也就是说，短视频艺术让我们认识到，身体化意味着影像拍摄制作过程中的多感官体验，短视频影像中凝聚着各种以不同方式在多种多样的场景中进行表演的具身行动者。

第三，"颜值化"。"颜值化"就是容貌和身体的"价值化"或"商品化"。在短视频艺术和网络直播语境中，容貌和身体美从原有的审美领域进入市场领域，并通过传播而具有某种商业价值。

影像方式的"身体化"必然将身体审美带入影像领域，同时配合追求网络流量、知名度和粉丝量的商业动机，必然将"身体化"牵引到"颜值化"的方向，让影像化的容貌和身体参与激烈的竞争之中。

在这场竞争中，身体的自然性成为一种缺憾的存在，因为"人无完人，金无足赤"。所谓完美的容貌和身体，其实在现实生活中是不存在的，人的容貌和身体或多或少总要有令自己或他人不满意的地方。那么，这些缺憾或不满意，在进入影像时，可以借助影像处理技术和软件修图功能来进行加工和修补。通过各种手机影像剪辑软件，如抖音、剪映等，人们可以很方便地对容貌和身体进行各种修饰，使影像中人的容貌和身体得到最佳的呈现效果。

二、影像内容的个人性

除了影像方式的个人性之外，短视频艺术的个人性还体现在它的内容方面。

相较而言，传统影视艺术的内容具有较强的公共性或大众性，就其主题来说相对宏大，属于某种宏大叙事，涉及政治、经济、社会、哲学、伦理、文化和历史的变迁，影视剧的各种类型、题材及意识形态大多有关某种宣传宗旨、人性善恶、家庭伦理、社会美丑、经济争端、恩怨情仇等，即使有对某个个体生命历程的再现，也是为了以他（她）为载体或视角，再现某个宏大的历史进程或社会风貌。在传统影视艺术中，个体的表现或再现是服务于某个宏大主题的，并非单纯为了表现这个个体的属性。

而短视频艺术则与之不同。短视频艺术的主体往往是人，因此他

(她)所传递的内容大多与其个人的生活、爱好、经历、兴趣、梦想等有关。总之，一切都是关于他（她）自己的叙事和表达。

那么，讲述自己的故事而非宏大主题的短视频艺术，其审美价值体现在何处呢？英国艺术史家约翰·伯格曾经指出，观看是人们确认自己与世界关系的重要方式。"在我们能够观看之后，我们很快就觉察到我们也可以被观看。当他者的目光与我们的目光交会，我们是这个可见世界的一部分就再也没有疑义了。"① 从这个意义上讲，短视频创作者和传播者创造了一种新型的观看世界的方式。他们通过短视频传播与网络空间的观看者进行互动，他们讲述自己的故事，把自己的日常生活和表现转换为一种可视的画面，并试着与这个世界对话。在这个过程中，他们完成了自己的社会化。借用法国社会学家埃米尔·杜尔凯姆的观点，短视频创作者在网络空间中"聆听"路人和粉丝说话时就仿佛在聆听社会，他（她）会以为这些说话的人代表了社会，从而使"社会对个人的感情提升了个人对自己的感情"，他（她）从这些感情中体会到社会对自己的感情。换句话说，借由观看，每个个体确立了自己的存在事实和存在意义，也在认知他者的过程中建构一个自我。通过短视频，人们特别是青少年掌握了一种影像符号的生产技能，这种技能就是法国哲学家米歇尔·福柯所说的"自我构成的技术"，它能够"使个人得以通过自己的手段或通过他人的帮助，来影响加之于他们自己的身体和灵魂、思想、行为和存在方式的一系列作用，以便为了达到某种状态的幸福、纯洁、智慧、完美或不朽而转变自己"②。换句话说，各种技术或自我的技术是特定的技术或实践，通过它们，个人才能具有了各种主体位置。短视频传播代表了这种"自我实践"的现代形式。

影像内容的个人性还体现在其内容的模仿化方面。相较于传统影视艺术以倡导内容的原创性、创新性为最高审美准则，短视频艺术并不注重追求原创性。短视频创作者似乎并不认为模仿有什么不好，同时短视频传播平台甚至通过一些设计鼓励短视频内容之间的互相模仿。例如，在抖音短

---

① 约翰·伯格. 观看的方式［M］. 吴莉君，译. 台北：麦田，城邦文化出版，2010：57.
② 斯图尔特·霍尔. 表征：文化表征与意指实践［M］. 徐亮，陆兴华，译. 北京：商务印书馆，2013：479-480.

视频软件中，就有一个鼓励模仿的功能设计——"拍同款"，只要观看者在看抖音短视频时，点击页面右下角一个类似唱片一样旋转的图标，就可以跳转到该抖音账号的页面。该页面下方有一个写着"拍同款"三个字的红色图标，观看者只要点击这个图标，就可以跳转到短视频的制作页面，并可以拍摄一段视频或者从相册中调取一段以前拍摄的视频，再配上这段同款音乐，一个属于自己的短视频影像就制作完成了。这里的影像可以是自己的，但是音乐素材就是对他人的模仿和挪用。而因为影像会有不同，所以在其他人看来，这段视频就是自己的作品。

当然，这种模仿化操作在版权方面存在一定的问题，所以抖音短视频平台会根据一些音乐版权使用的投诉，对发布者视频中的音乐进行静音处理。而这种对音乐的模仿性使用，也逐渐成为一种新的流行音乐的筛选机制。许多好听的歌曲正是以这种方式登上抖音歌曲排行榜，成为大家争相传唱的流行歌曲。

在短视频平台上，大多数模仿行为是对别人短视频内容的学习、消化和吸收。例如，当一段音乐或舞蹈被表演者呈现出来时，许多人如果认可其表演，进而会纷纷学习和模仿，并用同样的音乐或舞蹈视频来向原创者致敬。又如，当一个剧情模式的短视频受到大家追捧时，就会有人把该剧情用新的演员重拍一遍。这类模仿或重拍行为，并不等同于抄袭，因为其本质上属于一种模仿性学习行为。德国学者克里斯托夫·武尔夫认为，模仿性学习是文化性习得，而学习的一种重要形式就是模仿性学习，或者说通过模仿去学习。模仿性学习并非单纯地跟随或复制，而是一个过程……模仿性学习是创造性的；模仿性学习也是身体性的，它连接着个体与他人、个体与世界。[①]

克里斯托夫·武尔夫虽然主要讨论的是日常生活中的模仿行为，但是当短视频影像活动已经成为人们日常生活的一部分，而且短视频影像展示的主要是人们的生活世界时，这种模仿行为不管是模仿现实生活中别人的

---

① 克里斯托夫·武尔夫. 人的图像：想象、表演与文化 [M]. 陈红燕，译. 上海：华东师范大学出版社. 2018：251.

行为，还是模仿短视频影像中的别人的行为，它都属于一种对外部世界的模仿，都是人们使自身趋向并接近于外部世界的过程，"通过这种将外部世界与各种感官、想象力的连接，通过在模仿学习过程中将外部世界转入内部图像、身体、触觉和味觉世界，主体被赋予生命力，以及与身体相关的主体体验"①。

第二节　短视频艺术的表演性

一、何谓表演与表演性

表演是一个涉及多个学科或思想领域的概念，而且西方语境的表演，与中文语境的表演还存在含义上的不同。

《现代汉语词典》（第7版）写道，表演一词具有三个方面的含义：一是戏剧、舞蹈、杂技等演出，把情节或技艺表现出来；二是做示范性的动作；三是比喻故意装出某种样子。② 而西方与之对应的词汇"performance"，具有比中文语境更多的含义。《韦氏词典》对它做出的解释包含六个方面：其一，行动的执行或完成的事情；其二，实现诺言或请求；其三，扮演戏剧中的人物，或者在公众面前呈现或展示；其四，性能和绩效；其五，对刺激做出反应的行为；其六，个体的言语行为，也指运用某种语言说话的能力。③ 由此可见，"performance"在英文中最为常用的含义并非表演。而中文语境中表演这个词并不具有执行、性能和绩效的含义，它虽然与表现一词相近，但还是存在明显区别的。所以，在汉语世界中有很多并不属于表演的行为，却能在英语世界里被视为"performance"。

---

① 克里斯托夫·武尔夫. 人的图像：想象、表演与文化 [M]. 陈红燕，译. 上海：华东师范大学出版社. 2018：263.
② 中国社会科学院语言研究所词典编辑室. 现代汉语词典 [M]. 7版. 北京：商务印书馆，2016：87.
③ 李淼，谢彦君. 何为"表演"？——西方旅游表演转向理论溯源、内涵解析及启示 [J]. 旅游学刊，2020（2）：122.

自 20 世纪 70 年代以来，表演一词成为戏剧研究、口头艺术研究、舞蹈研究、人类学、社会学、艺术史学、文学批评、法律研究、媒介理论、文化研究、女性主义理论、马克思主义、结构主义、后结构主义、后现代主义等学术或思想领域的关键词。① 其中，最为出名的是美国社会学家欧文·戈夫曼的拟剧理论对于表演的挪用和比喻性使用。在《日常生活中的自我呈现》一书中，欧文·戈夫曼借用了戏剧表演理论的术语来分析日常生活中的社会互动，他用戏剧隐喻社会生活，认为每一个社会情境都可以看作一个舞台情境，而社会行为就是在社会舞台上进行的社会表演。表演的目的就在于进行印象管理，也就是通过一定的表演策略在他人心目中塑造自己所希望的形象。当个体出现在他人面前时，他的行动将会影响他人此刻的情景定义。而与此同时，任何一种情境定义都具有明显的道德特征，因此此种情景中的表演，就是"特定的参与者在特定的场合，以任何方式影响其他任何参与者的所有活动，而那些做出其他表演的人称为观众、观察者或协助参与者"②。

欧文·戈夫曼对于人际互动的这种理解与中国情境中所谓的"面子"文化隔空呼应。有学者发现，实际上欧文·戈夫曼正是在华人人类学家胡先缙提出的"面子"概念的基础上，提出拟剧理论用以解释人与人之间的互动现象。③ 欧文·戈夫曼所诠释的表演的内涵与其原初含义十分契合，因此拟剧理论引入中国后被十分顺畅地接受。④

表演性最早是在语言哲学学科中提出来的，用以讨论语言对身体表演的影响。而"真正使得'表演性'成为人文社会科学'流行话语'的，是美国哲学家和当代杰出思想家朱迪斯·巴特勒和她的性别研究"⑤。朱迪斯·巴特勒用表演性替代了表演这个概念，指出性别是通过身体和话语行

---

① 王杰文. "表演"与"表演研究"的混杂谱系 [J]. 世界民族, 2012 (4): 35.
② 欧文·戈夫曼. 日常生活中的自我呈现 [M]. 冯钢, 译. 北京: 北京大学出版社, 2008: 12.
③ 刘静. 面子: 中西文化差异的探讨 [J]. 成都大学学报（教育科学版）, 2007 (2): 123.
④ 李淼, 谢彦君. 何为"表演"？——西方旅游表演转向理论溯源、内涵解析及启示 [J]. 旅游学刊, 2020 (2): 124.
⑤ 何成洲. 巴特勒与表演性理论 [J]. 外国文学评论, 2010 (3): 132-133.

为的表演建构而成的，并非自然事实。女人通过重复表演玩娃娃、穿裙子、化妆这些具有女性化特征的事情使得女性身体得以具身化，成为不加反思的习惯。① 表演性理论将表演与具身行动紧密结合，从而与奈杰尔·思里夫特的非表征理论遥相呼应，成为认识实践活动中的重要视角之一。例如，非表征理论认为，学术研究需要关注那些塑造了人类在特定地点对待他人及自己行为的日常生活实践。这些日常生活实践不一定关涉表征和意义，却是日常生活表演性的呈现和展示。这些具身性的、有感情的、对话式的实践往往是无法充分说出的、词语捕捉不到的、文本表达不了的活动，因此不能只是将其作为文本去解读，还应该将表征本身视为具有表演性的实践。

应该说，表演性理论帮助我们打开了认识短视频艺术审美特性的一个窗口，表演性是短视频艺术的重要审美特性之一。但是需要指出的是，短视频艺术的表演既具有舞台表演的成分，又具有日常生活表演的成分。

二、短视频艺术中不同形式的表演

由于短视频艺术的影像构成有四种模式，那么在不同的模式下，其表演的形式也截然不同。下面，笔者将重点分析剧情模式的短视频艺术中的表演与非剧情模式的短视频艺术中的表演。

1. 剧情模式的短视频艺术中的表演

在剧情模式的短视频艺术中，其表演的内涵与影视剧中表演的内涵并无二致，即二者都是找演员来扮演某个虚构的角色，与戏剧舞台的表演具有相同的意义。在短视频艺术中，这些演员虽然大多是业余爱好者或者临时客串者，其表演并不专业，甚至有些生涩、生硬或虚假，但是其表演性质都是以一个演员身份去扮演另外一个人。

---

① 李淼，谢彦君. 何为"表演"？——西方旅游表演转向理论溯源、内涵解析及启示 [J]. 旅游学刊，2020（2）：124-125.

2. 非剧情模式的短视频艺术中的表演

在非剧情模式的短视频艺术中，表演的内涵则与欧文·戈夫曼所说的社会学意义上的表演有某种相似之处，即个体出现在他人面前时，会受到有他人在场而产生的特定情景的影响，也会影响其他在场的人。与欧文·戈夫曼所说情况不同的是，这里的特定情景主要不是因现实空间他人在场而产生的，而是因镜头在场和网络空间中他人在场而产生的。换句话说，这个意义上的表演是为了给镜头和网络空间中的人来观看的。但是这个表演又不是像剧情模式的短视频中的表演，表演者不用扮演别的角色，只用扮演他自己即可。

那么，镜头和网络空间所制造的特定情景，与欧文·戈夫曼所说的特定情景有什么异同呢？

首先，无论是他人在场，还是镜头在场，都是一个特定情景得以产生的必要条件。一个人独处时是一种状态，而一旦有他人出现时，他会表现出自己最好的那一面给别人看；或者一个人在独处时，是处于一种类似在"后台"的样子，而当他出现在别人面前时，他就像登上"前台"进行表演时一样，会控制自己的身体姿态、表情动作、言语表达，观察在场其他人的反应，思考如何与他人互动，以便获得他人对他的最佳印象。而镜头的介入，也具有同样的功效。镜头代表着别人的眼睛；镜头的存在意味着自己的言行会被记录，并被别人审视和观看。因此，没有镜头存在的场景类似于"后台"，而一旦出现在镜头前，人们就像登上了"前台"，必须在别人面前演出那个最好的自己。即使拍摄出来的影像，自己可以先进行审查，但那也是用别人的或者社会的目光来进行审查的。

其次，欧文·戈夫曼所说的特定情景，是发生在现实空间中的，并与在场的他人进行实时互动而展开表演。它是一次性的，不可排演，也不可重复，类似于一种"现场直播"。一旦表演者表现不好，就会造成无可挽回的影响。而镜头介入所产生的特定情景，则是可以排演和重复录制的。一遍拍得不理想，可以再来一遍；甚至多遍拍得不理想，可以删除或者不上传到网络。这让短视频的拍摄和制作可以有充分酝酿、策划、拍摄、剪辑和修改的过程，因此表演者为了让在镜头前的表演更加自然、生动，也会先进行自我审查。此外，短视频应用软件还有各种修饰美化影像的功能，如美颜、瘦身、瘦脸、磨皮、除皱等，以及慢放或者调节亮度、饱和度、对比度的功能，等等。这些都可以让表演者在镜头前的表演比在现实生活中人前的表演更加完美、更加惊艳，也可以让表演者更喜欢影像中的自己，从而对这种形式的表演"上瘾"。

三、短视频艺术的表演性意涵

探讨短视频艺术的表演性问题，暗含着一个研究视角和研究趋向的转变。关注表演性，意味着关注短视频艺术生产过程中所体现的具身性、体验性特质，而不是像传统影视艺术研究那样，只关注影像内容再现了什么、表征了什么，或者导演艺术、表演艺术如何逼真地反映了现实生活。换句话说，就是关注短视频拍摄过程中的身体参与、智慧投入及多感官的体验。例如，关注短视频艺术的表演性，就要去考察一些短视频创作者的具体拍摄过程，观察其在这个过程中，如何策划影像内容，如何设计自己的语音表达，如何选择拍摄场地，如何展示自己的身体动作，如何与背景相互协调配合，等等。又如，关注短视频艺术的表演性，就要去考察一些短视频创作者如何为自己的镜头寻找拍摄地，如何进入场地，如何进行场面调度，如何展演自己，如何展开与周围人的互动及与网络空间中观看者的互动，如何促进了某个空间或地方的生成和再造，等等。

认识了短视频艺术的表演性，将会帮助我们了解，一个新文化地景的形成和营造往往并非仅凭影像宣传话语或文化想象来完成的，还需要依靠短视频拍摄者与某个地方的频繁接触、互动和对话。这是一种新型的文化消费，它涉及持续的协商与再协商，由短视频拍摄者进入当地社区进行亲身体验，并与当地人共同表演来完成。

短视频拍摄者持续出现的地方，可以被视为某个不断变化的表演场，其中涉及由主人、客人、建筑物、物体及机器构成的偶然汇集在一起而进行某些表演的复杂网络。这些拍摄地的名气是通过表演而被制造出来的，其中拍摄者、当地居民及其他事物都是"网红打卡地"的共同创作者。

关注短视频艺术的表演性，就是关注由短视频拍摄行为和影像传播行为引发的，促使现实发生变化的过程，因此需要从实践的角度去研究短视频艺术，通过实地观察、深度访谈或研究者自身的体验等途径获取经验材料。

关注短视频艺术的表演性，可以让我们走近短视频艺术的各类创作者和表演者，探索这些人背后丰富多样的社会场域，以及由短视频艺术的移动数字传播所组织起来的复杂的互动过程，从而发现比影像内容更为生动、鲜活的当代民间文化生活。

第三节　短视频艺术的平民性

一、平民性的概念及其形成

所谓平民性，是指短视频艺术的表演者大多是现实生活中的普通民众。因此，人们在短视频艺术中欣赏到的大多是普通人的日常生活，既平淡而又真实，这就是由普通民众制作出来的平民影像。

通常所说的审美特性，是相对于传统影视艺术中的表演者而言的。以影视剧为例，其中的表演者要么出演的角色是名人，要么出演的角色虽然不是名人，但是表演者本人或导演是名人；在其他电视艺术形式如真人秀或综艺节目中，出场的人员也大多是一些有名气的演员、歌手等。因此，尽管影像媒介早在20世纪就已经出现，但不论是电影还是电视，都只是一种单向的传播，是少数人才拥有传播主导权的媒介。而短视频艺术则与之相反，它提供了一个可以让"无名者出场"的历史契机。

那么，短视频艺术为何具有平民性呢？这就要从互联网的不断迭代和自媒体的发展开始说起。所谓自媒体，是指以个体身份出现的传播者及传播平台，如博客、微博、微信等，其使用者拥有一个属于自己的账号，那个账号就是他的个人信息门户。而短视频是互联网发展到"自媒体时代"

的产物，是"自媒体革命"的新发展。"自媒体革命将传统媒介时代潜在的、数量有限的信源及沉默的受众变成了积极的、无限量的传播者。短视频的崛起则将自媒体的演进推进到了一个新的阶段。比起其他类型的自媒体，短视频媒介的使用者更加广泛，也更加'平权化'和草根化，并且更加彻底地摆脱了文字媒介的束缚，显示了其潜在的革命性。"①

短视频比起以文字书写为主要传播方式的博客、微博、微信，具有更贴近社会底层的普及性和易用性。正如快手研究院所指出的那样，短视频是迄今为止更为泛众化的一种媒介。

过去在互联网上，虽说人人都是传播者，但是都以文字书写为主要的表达方式，而文字书写从深层的逻辑上看，仍然是以精英人士的表达为主流的一种表达范式。因此，在书写时代，能够在网络上表达思想、看法的始终是社会上的一小群精英，95%以上的大众只是旁观者、点赞者和转发者。而视频则是与之前媒介表达方式不同的一种泛众化的传播范式。从4G时代开始，视频为普罗大众赋能赋权，将社会话语的表达权给了越来越多的普通人，每一个人都可以用视频这种最简要、直观的形式与他人和社会分享，这是一种具有革命性意义的改变。②

短视频是互联网发展到自媒体时代和人工智能时代的产物，是智能手机及移动互联网普及之后的一个新物种。由于时长较短，短视频给予使用者更大的自由度和随意性，手机简化了拍摄、剪辑和上传发布的全套操作程序，让制作和传播变得易如反掌，适应了碎片化时代人们的信息偏好。此外，短视频是用影像说话，而不是用文字说话，从而进一步激发了文字语音表达水平不高的普通人使用媒介的潜力，让没有文字素养或表达能力不足的人，也能利用短视频出镜和发声。短视频的这种普及性和易用性，使视频媒介的使用权进一步下沉，进入真正的社会底层，也就是所谓的

---

① 潘祥辉．"无名者的出场"：短视频媒介的历史社会学考察［J］．国际新闻界，2020（6）：42．

② 潘祥辉．"无名者的出场"：短视频媒介的历史社会学考察［J］．国际新闻界，2020（6）：43．

"草根阶层",从而真正实现表达的平民化和大众化。

据 2021 年 2 月发布的第 47 次《中国互联网络发展状况统计报告》显示,截至 2020 年 12 月,我国网络视频用户规模达 9.27 亿,较 2020 年 3 月增长 7 633 万,占网民整体的 93.7%。其中短视频用户规模为 8.73 亿,较 2020 年 3 月增长 1 亿,占网民整体的 88.3%[①],如图 5-1 所示。

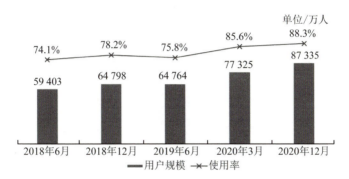

图 5-1 2018 年 6 月—2020 年 12 月短视频用户规模及使用率
（资料来源：中国互联网络发展状况统计调查）

从学历结构来看,截至 2020 年 12 月,初中、高中/中专/技校学历的网民群体占比分别为 40.3%、20.6%;小学及以下学历的网民群体占比为 19.3%,如图 5-2 所示。

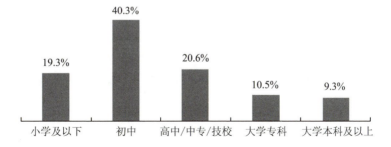

图 5-2 2018 年 6 月—2020 年 12 月短视频用户的学历结构调查
（资料来源：中国互联网络发展状况统计调查）

---

① 中国互联网络信息中心. 第 47 次《中国互联网络发展状况统计报告》[EB/OL].（2021-02-03）[2021-06-20]. http://www.cac.gov.cn/2021-02/03/c_1613923423079314.htm.

从职业结构来看，在网民群体中，学生最多，占比为 21.0%；然后是个体户/自由职业者，占比为 16.9%；再是农村外出务工人员，占比为 12.7%，如图 5-3 所示。

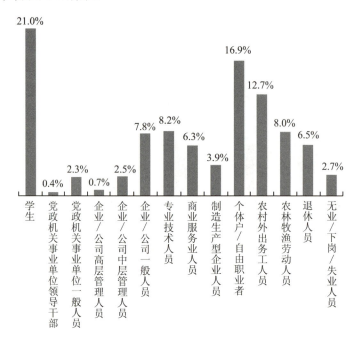

图 5-3　2018 年 6 月—2020 年 12 月短视频用户的职业结构调查
（资料来源：中国互联网络发展状况统计调查）

从收入结构来看，月收入在 2 001～5 000 元的网民群体占比为 32.6%；月收入在 5 000 元以上的网民群体占比为 29.3%；有收入但月收入在 1 000 元以下的网民群体占比为 15.3%，无收入的网民群体占比为 10.8%，如图 5-4 所示。

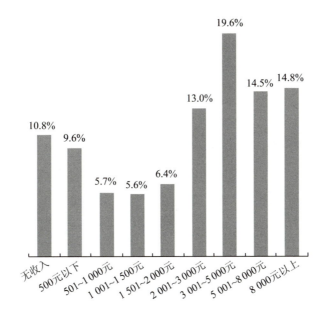

图 5-4　2018 年 6 月—2020 年 12 月短视频用户的收入结构调查

(资料来源：中国互联网络发展状况统计调查)

二、平民性对短视频艺术生产的影响

　　从观众对短视频平台的观感来看，这种草根化和平民化的特征也是扑面而来，随处可见。在快手平台上，聚集了大量的"土味视频"，主要是出自广大的三四线城市和乡镇农村的创作者之手，他们以自己的生活为主要拍摄内容，以自己的方言为媒介，以自己的审美为旨趣，以自己的日常生活为故事脚本，来与网络空间的观看者进行交流与互动。不同于专业的影视制作，"土味视频"大多采用的是单镜头叙事，没有景别的切换，画面以展现人物的表演为主，拍摄所用的设备也多为手机，因此在构图、光线、剪辑等方面往往表现出粗糙、简陋的特点，对于画面中的脏、乱、差也无意掩盖，这种画面与城市中我们看到的精美视频形成了巨大反差。在"土味视频"中，人物的表演是直接面向观众的，而剧情和台词却是模仿影视剧的，这种冲突之下的"土味视频"自带一种令人尴尬和不适的效果，这也是大多数"土味视频"的"土"之所在；凌乱简陋的拍摄场景、没有美感的外表和生活化的身体语言，展现出自洽而又与主流格格不入的"土"；"音乐"也具有强烈的乡村特色。这种"土味视频"在音乐选择上的特点也十分明显，即歌词简单、声音洪亮、节奏拖沓等。

尽管在城市精英人群看来，这些"土味视频"缺少了一种高雅的审美趣味，但是不可否认，类似"土味视频"这样的草根短视频，在某种意义上体现了中国底层社会生活的方方面面，让这些无名者获得了"出场"的机会，在客观上促进了城市与乡村的互动。同时，草根短视频也为其中的一些佼佼者带来了象征性的文化资本，不少草根"网红"因此积累了自己的人气、知名度、粉丝量，具备了在市场交易中的话语权和主体性。

在城市，大量的城市影像不再是由专业机构来生产，而是由广大的网民来生产。2018年抖音平台播放量排名前100位的城市形象视频中，超过八成是由个人用户创作的。① 因此，城市短视频影像同样具有了平民性和草根性，学者孙玮认为可以将其"视为移动网络社会的一种大众艺术，它是艺术与生活的高度融合，这种融合不仅指艺术表现生活，也不仅指大众接触艺术品，上述层面两者的结合历史上早已发生。而是指，这种影像艺术成为一种生活实践，构成了大众城市日常生活的一部分，这种新型的大众艺术不是对于生活的模仿，它就是生活本身"②。

第四节　短视频艺术的性别偏向

性别是审美的重要维度，具有不同的性别身份的人看待事物的方式不同，获得的美感必然不同，对美的审视态度也必然不同。

针对相同的绘画作品，不同性别的审美感受是不一样的，英国地理学家多琳·马西曾讲述了自己在博物馆里观看绘画作品的体验："博物馆里

---

① 文化产业评论. 抖音+清华发布：短视频与城市形象研究白皮书[R/OL].（2018-09-18）[2020-06-20].https://www.sohu.com/a/254628329_152615.
② 孙玮. 我拍故我在　我们打卡故城市在——短视频：赛博城市的大众影像实践[J]. 国际新闻界，2020（6）：21.

各种绘画作品琳琅满目，很多作品描绘的主题都是裸体女子。这些画作的画者都是男性，所以作品中的女子都是从男性视角看待的女子形象。两位年轻的男性朋友欣赏着这些绘画中的女子形象，我看着这两位朋友，观察他们的反应。我感觉自己被赤裸裸地物化了。"① 多琳·马西由此意识到了绘画这种艺术如何界定了她在社会中的地方，并得出结论：性别是文化生产中的一个决定因素，对文化产品的诠释也是如此。②

中外已有的媒介与性别的研究，大多聚焦在媒介如何建构性别差异、性别身份和性别歧视，却对媒介本身的性别问题谈论甚少。这让性别与媒介的研究存一个巨大的缺憾，那就是只从再现和表征的角度展开讨论，却对媒介参与者的性别比例与媒介本身的性别之间的关系，以及在此基础上对短视频艺术的出现导致的媒介性别偏向缺少认真的讨论。

正如多琳·马西所指出的那样，"某个空间和地方，各种空间和地方，以及我们对它们的认识（以及我们的流动性等其他相关事物）都绝对具有性别特征。而且它们以各种方式被赋予了性别特征，根据文化、时间的不同而各有不同。这种空间和地方的被性别化，反映同时也影响了性别在社会中的构成方式和被人们认识的方式"③。多琳·马西的这个论断是就实体空间而言的，其实在媒介空间中，性别特征也依然明显，或者说，不同的媒介也都被性别化着，性别化的媒介才导致了媒介空间中的性别表征问题。

一、传统影视艺术的媒介性别：男性媒介

国内外跟性别与媒介相关的研究大多具有女性主义的取向或色彩，这个事实说明，女性对于媒介中所再现、表征或建构的女性形象多有不满，因此才展开了不遗余力的批判。但这个事实的背后还隐藏着两个被忽略的

---

① 多琳·马西. 空间、地方与性别 [M]. 毛彩凤，袁久红，丁乙，译. 北京：首都师范大学出版社，2018：240.
② 多琳·马西. 空间、地方与性别 [M]. 毛彩凤，袁久红，丁乙，译. 北京：首都师范大学出版社，2018：314.
③ 多琳·马西. 空间、地方与性别 [M]. 毛彩凤，袁久红，丁乙，译. 北京：首都师范大学出版社，2018：240.

问题：其一，女性主义对媒介的批判都是针对传统媒介的，如电影、电视、广播、报纸、杂志等。其二，媒介本身是有性别的，而这个性别取决于媒介掌控者的性别。

女性主义对媒介建构女性形象的最大不满和集中批判，最早来自电影领域，因而在电影领域还开创了一门女性主义电影批评学，她的代表人物劳拉·穆尔维在 1975 年撰写的《视觉快感和叙事性电影》一文，被视为对电影媒介进行性别批判的重要论述。劳拉·穆尔维指出，主流的好莱坞电影建立在三种基本视线系列之上。一是电影摄制情形下镜头的视线。虽然技术采制是中性的，但这一视线骨子里是窥淫的，而且往往是"男性"的，原因之一是参与摄制的人为男性。二是电影叙述中存在一个男性人物的视线。这一视线通过正反镜头的排序产生，从而让女性成为男性人物凝视的对象。三是观众的视线，它仿照前两种视线（或者必须要位于前两种视线的同样位置）。也就是说，观众被迫认同摄像视线，看到镜头所看到的东西。① 三种视线都是为了讨好男性无意识中的欲望，"一个女人在叙事故事中进行表演，观众的凝视与影片中男性人物的凝视就巧妙地结合起来，而不会破坏叙事的逼真性。因为在那一时刻，正在表演的女人的性冲击力把影片带入了它自己的时空之外的无人地带"②。从而让电影成了一个由性的不平衡所安排的世界：女人作为形象，男人作为观看的承担者。

沿着劳拉·穆尔维开创的研究视野，影视与性别研究进而指出，"女性被刻画的方式"是评判一部电影作品中女性是被表现为主体还是客体的重要判断角度。很多电影为了迎合男性的品位，从而将女性确定为"被凝视的客体"——"这种针对'愉悦'的编码意味着摄像机是站在男性的位置上彰显世界的，即摄影机具有一种男性气质……在大多数叙事中都是男性角色框定故事情节，虽然也有女性，但她们往往都是作为欲望的客体，

---

① 罗伯特·艾伦. 重组话语频道：电视与当代批评理论 [M]. 牟岭，译. 2 版. 北京：北京大学出版社，2008：241.
② 劳拉·穆尔维. 视觉快感和叙事性电影 [M] //杨远婴. 电影理论读本. 北京：世界图书出版公司，2011：527.

推动情节发展罢了……女性很少发言"①。这意味在男权叙事话语中,女性常常处于失语状态,是被言说的"她者"。

那么,一个被忽略的关键问题是,在电影中为什么会形成这种男性视角或男性气质呢?其实,劳拉·穆尔维在文章中已经点出了电影采用男性视角而不是女性视角的一个关键点——参与摄制的人多为男性。但是劳拉·穆尔维没有说清楚,为什么参与摄制的人多为男性呢?原因其实很简单,就是电影的拍摄设备体积非常庞大、笨重,搬运起来费时、费力,只有身强力壮的男性才能高效地胜任。换句话说,不是电影刻意安排了男性视角,而是由于男性更容易扛得动、搬得动、调度得动电影摄影机,这才自然地让电影媒介掌握在男性手中,并具有了男性媒介的色彩。

关于电影从业人员的数据调查支持了笔者的上述判断。据英国著名电影产业学者史蒂芬·费勒斯的研究成果显示,在1997年发行的票房前两百部电影中,有95%的工作人员是男性。20年后,在2016年这一数据再次达到95%。电影从业者的性别比虽然每年有小幅度的波动,但是整体上依然呈现男女比例不均的态势。②

从电影到电视,这种从业人员中男性居多的局面依然持续着。由于早期的电视摄录设备依然是庞大的、笨重的,因而拍摄任务也主要由男性来承担,那么电视具有男性色彩也是十分自然的事情。正如美国学者詹姆斯·罗尔所指出的那样,从某种意义上来讲,"电子媒体是男性文化的延伸,它是由男性发明的……工程技术处理和商业相结合直接导致男性成为电子媒体的第一代主人……今天的电子媒体仍然继续以哪怕是最细微的方式拓展和膨胀着男性的权力"③。

一些对于电视从业人员的数据调查,也证明了男性主导着电视媒体的主要工作。即使随着数字技术的出现,电视的摄录设备逐步小型化、轻便

---

① 劳伦斯·格罗斯伯格,艾伦·渥泰拉,D. 查尔斯·惠特尼,等. 媒介建构:流行文化中的大众媒介[M]. 祁林,译. 南京:南京大学出版社,2014:246.

② 影视产业观察. 电影从业者的性别比例严重失调,近95%为男性[EB/OL].(2018-01-26)[2021-06-20].http://yule.yjcf360.com/dianying/16768133.htm.

③ 詹姆斯·罗尔. 媒介、传播、文化:一个全球性的途径[M]. 董洪川,译. 北京:商务印书馆,2012:107.

化，许多女性开始承担拍摄任务，但是男性仍然在电视媒体从业人员中占有多数的优势。据一项我国电视从业人员的调查显示，2019年我国广播电视从业人员的性别占比分别为男性占58.4%，女性占41.6%。①

当然，仅仅从摄录设备的体积重量的角度去分析，或许很难有充分的说服力，我们还必须放在更广阔的社会视野中进行考察。除了电视媒体的发明者、经营者、拍摄技术的掌握者主要是男性之外，电视媒体传递和建构的政治、经济、社会的"中心话语"属性，也证明了男性主导着电视媒体的主要工作。大众传播媒介天然地具有某种"中心话语"的色彩，而这种"媒介中心话语"又与"男权话语"交织在一起，建构了一种宏大的、抽象的、完整的、强悍的叙事，代表了"竞赛""征服""加冕"②的男性气质和权力欲望。

尼克·库尔德利认为，大众媒体制造了一种"媒介中心神话"的现象：媒介不仅因此成为社会的中心，而且为整个社会提供关于中心的符号框架。"因为媒介是高度集中化的符号生产系统，其'自然'作用是表征'中心'，或为'中心'提供框架。"③正如戴维·莫利和凯文·罗宾斯所说，在第二次世界大战之后，各个国家的全国性电视网或电视台逐步成为国家生活、国家利益、国家各种活动的中心。"电视担当起塑造国家集体生活与文化的中心机制……形成一种全体国民共享的文化，一种全新的共同社会生活……广播电视已成为一个关键的社会机构，由于它们的影响，听众和观众已将自己视为国家社会群体中的成员。"④

综上所述，传统影视艺术之所以建构了男性中心视角，其根源在于传统影视这种媒介本身是有性别偏向的，它是一种男性媒介。男性中心话语

---

① 观研报告网.2019年我国广播电视总收入超8 000亿元[EB/OL].(2020-08-31)[2021-06-20].http://free.chinabaogao.com/chuanmei/202008/0S15135592020.html.
② 丹尼尔·戴扬，伊莱休·卡茨.媒介事件：历史的现场直播[M].麻争旗，译.北京：北京广播学院出版社，2000：30.
③ 尼克·库尔德利.媒介、社会与世界：社会理论与数字媒介实践[M].何道宽，译.上海：复旦大学出版社，2014：72.
④ 戴维·莫利，凯文·罗宾斯.认同的空间：全球媒介、电子世界景观和文化边界[M].司艳，译.南京：南京大学出版社，2001：14.

是其中的主导性话语，并按照男性的视角来建构女性，将女性视为被凝视、被言说、被规训的客体或他者。

二、短视频艺术的媒介性别：女性媒介

短视频艺术与其他的数字新媒介影像一样，诞生于数字移动媒介时代，它借助于数码摄像机、单反照相机、手机等设备拍摄和生产影像。这些拍摄工具比起电影和电视的拍摄制作工具，无疑在体积上和重量上都缩小了很多，因而让搬运、携带和操作都变得异常轻松和简单，特别是4G传输技术和智能手机的普及，让拍摄和发布视频或者网络视频直播都变得轻而易举。例如，使用者只需要轻松点击手机的拍照按钮就可以拍到满意的照片，通过美颜功能还可以对容貌即时进行修饰，点开剪映等手机应用软件，就可以剪辑、加工作品，点开抖音、快手、视频号等手机应用软件，就可以快速地进行传播，而女性纤细、灵巧的手指在手机操作上比男性具有更大的优势。

更重要的是，新媒介影像中传播的内容大多具有很强的个人性，而它的社交属性，则可以让女性利用自己的影像展开与他人的交往，因为只是影像在代替身体进行交往，也给女性带来了比实体空间的社会交往更多的安全感。所有这一切，都让女性迎来了一个属于自己的影像表达时代。

2021年3月8日，抖音发布《2021抖音女性数据报告》。该报告分别从不同年龄段偏好和行为，呈现抖音平台女性用户的多面形象。过去一年，抖音女性用户发布了2 135万个恋爱短视频，也有5 306万个短视频记录了她们努力工作的瞬间，从平台直接获得收入的女性达1 320万人。例如，四川创作者"蜀中桃子姐"、宁夏非物质文化遗产皮雕手艺人乔雪都是通过抖音开启新事业的典型代表。相关负责人表示："抖音女性用户的偏好对产品有重要影响。她们在平台上记录了真实可爱的一面，抖音也在助力更多女性追求美好生活"①。

---

① 燕子丹. 抖音发布女性数据报告：1 320万女性通过抖音直播获得收入[R/OL].（2021-03-09）[2021-06-20].https://www.new.hnr.cn/djn/artide/1/13689216686472265728.

另外的一些数据显示,在短视频平台上,万粉以上用户性别占比,女性用户约占六成,男性用户约占四成,女性用户明显高于男性用户。但从平均单个短视频播放量和短视频点赞数的表现来看,男性用户高于女性用户①,如图5-5所示。从注册使用的用户活跃度来看,女性用户则高于男性用户。2020年4月21日,QuestMobile发布的《2020中国移动互联网春季大报告》显示:截至2020年3月,抖音用户规模达5.18亿人次,女性用户占比57%。② 而另一个研究的统计数据显示,在抖音平台上26万个创作者中,女性用户人数接近男性用户人数的2.5倍,如图5-6所示。③

图 5-5 万粉以上用户性别占比

这些不同主体的数据统计和研究发现都说明了一个基本的事实,那就是在短视频的创作主体中,女性用户已经超过男性用户,逐渐成为创作的主力军。而这也跟我们平时在浏览短视频平台上的观感体验大体一致。

然而,从我国网民性别结构来看,男性用户的占比则比女性用户的占比高。据中国互联网发展状况统计调查显示,截至2020年12月,在我国网民性别比例中,男性用户占51%,女性用户占49%,与整体人口中男女比例基本一致,如图5-7所示。④

---

① 知乎. 拍抖音的女的多,男的少吗,为什么? [EB/OL].(2020-04-11)[2021-06-20]. https://zhuanlan.zhihu.com/p/128921989.
② 新浪游戏. 2020年春季报告:抖音用户规模达5.18亿人次,女性用户占比57%[EB/OL].(2020-04-22)[2021-06-20]. http://games.sina.com.cn/y/n/2020-04-22/irczymi7765035.shtml.
③ 喜哥. 26万条抖音数据背后的推荐逻辑以及严重失调的男女比例[EB/OL].(2018-05-24)[2021-06-20].https://www.sohu.com/a/232910942_363248.
④ 中国互联网络信息中心. 第47次《中国互联网络发展状况统计报告》[EB/OL].(2021-02-03)[2021-06-20].http://www.cac.gov.cn/2021-02/03/c_1613923423079314.htm.

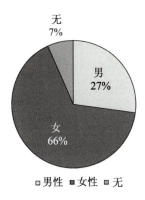

图 5-6　抖音用户性别比例　　　　　图 5-7　我国网民性别比例
（资料来源：中国互联网络发展状况统计调查）　（资料来源：中国互联网络发展状况统计调查）

我们将上述两组数据放在一起进行对比，不难发现网民性别比例与短视频用户性别比例存在较大的偏差，这也说明了女性用户对于短视频使用的偏好。

那么，为什么女性用户更偏好使用短视频这种媒介呢？这就得从短视频的影像属性去考察。女性天生对于镜像中的自己非常关注，在日常生活中，她们照镜子的次数远多于男性。而短视频的镜头为女性提供了一个可以随时审视自己容貌的便利。正如约翰·伯格所说："女性必须时时刻刻关注自己。她几乎是每分每秒都与眼中的自我形象绑在一起。女性的身份就是由审视者与被审视者这两个对立的自我所构成。"① 由于女性这种自我构成的特殊性，她们也乐于将自己美貌程度的容貌拍摄下来传播出去，以换取别人更多的注视，而吸引别人目光的多少，是女性判断自己美貌程度的重要指标。"她在别人眼中的形象是决定了她这一生是否成功的最大关键。别人眼中的她，取代了她对自己的感觉。"② "女人看自己被男人注视。这不仅决定了男人与女人之间的大部分关系，同时也影响了女人与自己的关系。女人内在的审视者是男性；被审视者是女性。她把自己转变成对象——尤其是视觉的对象：一种景观。"③

---

① 约翰·伯格. 观看的方式［M］. 吴莉君，译. 台北：麦田，城邦文化出版，2010：57.
② 约翰·伯格. 观看的方式［M］. 吴莉君，译. 台北：麦田，城邦文化出版，2010：57.
③ 约翰·伯格. 观看的方式［M］. 吴莉君，译. 台北：麦田，城邦文化出版，2010：58.

或许有女性主义者并不认同约翰·伯格的这些判断，但是他准确地描述了日常生活中人们对于女性的这种感观印象。既然在日常生活中，女性常常把自己打扮成一种视觉的景观，那么在网上传播自己照片或短视频影像，也是同样的性质。她们力图让自己成为一种美的景观，供人欣赏、接受赞美，甚至享受别人的喜欢和爱意的表达。她们以自己的女性身份为荣，并以此建构出自己的象征性社会资源。

短视频中的女性除了将自己的容貌和身体转换为一种影像景观之外，还通过谈话、唱歌或其他方式进行着女性特质的影像表达，她们建构了一种不同于传统影视艺术那种宏大叙事的细小的、具体的、琐碎的、柔性的叙事，这种叙事都是自己在日常生活中一些细腻的感受或者个人化、私人化的情感。她们讲述自己的故事，并通过留言评论或私信交流的多元化方式与观看者展开互动，尝试着与这个世界对话。她们建构了以自己为中心的微观世界，在这个以自己为中心的微观世界中，她们展开自己的文化表演：将自己最好的一面呈现出来，努力使自己成为别人欣赏或敬仰的对象。她们会在短视频中教授某些生活知识，展示某些才艺或技能，将自己打扮成"生活的导师"，或是具有某些方面能力的老师，并以某个方面的专家或老师自居，从而满足自己希望被人尊敬的需求。

三、短视频艺术女性偏向的文化影响

作为一种女性偏向的新媒介，短视频艺术会带来什么样的文化影响？

首先，短视频艺术赋予了女性在影像表达中的主体地位。短视频艺术重建了与主体的连接，这其中就包括与女性主体的连接。女性通过以下两种方式影响了短视频艺术的性别偏向。

第一，成为拍摄主体，从而掌控表现女性自己的视角——女性视角，即按照女性自己的视角来表现女性，而不是传统影视中那种男性"窥淫欲"式的视角。这种视角转换让女性摆脱了被表现为"被凝视的客体"的局面，也摆脱了由男性主导的对女性的"编码"——"为了强烈的视觉冲击"。女性开始将自己作为一个具有社会性的人来表现，而不是仅仅作为一个"奇观身体"来表现。

第二，成为言说主体，让女性在媒介中可以按照自己的意愿来说话。这种表达权的自主性比起拍摄视角的自主性更具有赋予女性主体地位的功效。前文已经借用语言哲学的理论阐明了言语对于主体建构的重要性："言语者用人称代词'我'建立起一个观察和认识主体，从而建构自我意识和自我概念……为了表述和交际，言语者总是先构建自己为言语主体。言语就是人的主体性载体。语言提供主体的表达形式，而语言形式的使用，即具体的言语行为，则产生人的主体性。"①

在言辞模式的短视频艺术中，大量的女性出镜表达自己的心声，与别人分享自己的故事，或者分享对于生活、工作或消费的心得，从而开展在网络空间中的社会交往。在观看者看来，她们是作为主体在表达，而不是作为被观看的"他者"或被凝视的"客体"在被窥视。

其次，短视频艺术同样会导致女性主体的"异化"。尽管女性掌握了拍摄视角和言语表达的主动权，但是不一定具有真正的主体性。受传统男权文化对于女性规训的影响，以及消费主义对于女性物化风气的影响，许多女性虽然成了拍摄或言说的主体，但主体的内核依然是男性化的。这或许是千百年传统文化中，渗透着男权话语对于女性美的一种规定性，从我国经典传统文学中对于美女的描绘，我们不难发现古代衡量美女的标准主要体现在肤如凝脂、唇红齿白、凹凸有致、体态轻盈、神态温婉这五个方面。而今天我们打开任意一款美图应用软件，都可以发现不论是设计得多么精妙的软件，都不外乎是提亮肤色、祛斑祛痘、瘦脸大眼、拉长身高等功能。由此可见，现代社会中女性使用科学技术催生的新事物——美图应用软件，对自己在媒介中的形象进行修饰，但修图的准则"万变不离其宗"——依旧是"白和瘦"，这其中蕴含了我国古代男权社会男性对于女性的规训，是长久以来社会建构出来的一种关于女性的审美标准。②

许多短视频艺术中的女性美，就是按照这样的传统定义来呈现的：一方面，女性把自我的影像呈现为男性视角下的"奇观身体"，自觉地将自己呈现

---

① 成晓光. 语言哲学视域中主体性和主体间性的建构［J］. 外语学刊，2009（1）：10.
② 张璐阳，杜志红. 女性影像操弄中的男权审美与抵抗［J］. 青年与社会，2018（17）：134-136.

为男性眼中被窥视的对象，把自己从一个"社会的人"简化为一个被凝视的对象；另一方面，女性以男性的眼光来看待自己，甚至来规训自己。女性通过言说所表达出来的话语来讨好男性，代表了男权的意识形态和价值观。这种女性按照男性审美对自己的物化性呈现，不能不说是一种主体的"异化"现象。

最后，短视频艺术会让女性话语走向偏激，成为定型男性的武器。所谓定型，是一种表征的说法，也被称为"定型化"。斯图尔特·霍尔认为，定型化是一种意指实践，其作用是"速写式地"指称特定的文化感知。"定型化把人简化为少量的、简单的、基本的特征，这些特征被表征为似乎是由大自然决定的。"[1] 定型化是一种"封闭的"和排他的实践，它既对"差异"加以简化、提炼并使"差异"本质化和固定化，又用符号确定各种边界，并排斥不属于它的任何东西，有效地运用一种"分裂"的策略，把一个人的文化标准应用于被排斥者，并将被排斥者作为"他者"构造出来。[2] 性别领域的定型化也不例外，将男性定型化的方式，也是将男性的社会属性简化为性别的自然特征，甚至只以性的角度来认知男性，以女性设想的男性标准，或者以女性想要的男性对待女性的态度，划分男性类别，以达到对男性的把握和认知。

拥有媒介意味着拥有话语权。短视频艺术中女性权力的优势，正如传统影视艺术中的男性权力的优势一样，都有可能导致米歇尔·福柯所述的"权力/知识"游戏。

在各种短视频平台中，许多女性创作者热衷于男、女性别话语的二元对立，故意制造性别偏见、歧视和对抗，以此激起男性的反驳，从而为自己带来话题度和粉丝流量，其做法是将男性的不同特征归结为某种"本质的""自然的"属性。她们通过这种短视频话语的表征实践来实施符号权力，通过话语来处置并"生产"男性，男性成为女性话语中的一个"新的知识对象"。同时，这种话语还生产了一种特有的、把握男性的方法，即

---

[1] 斯图尔特·霍尔. 表征：文化表征与意指实践 [M]. 徐亮、陆兴华，译. 北京：商务印书馆，2013：380.
[2] 斯图尔特·霍尔. 表征：文化表征与意指实践 [M]. 徐亮、陆兴华，译. 北京：商务印书馆，2013：382-383.

通过对男性进行"标记"和"分类"（如"渣男""直男""暖男"等），对不符合女性理想标准的男性实施一种"仪式化的驱逐"。

性别差异往往是性别关系中意义的根本，在和谐的两性关系中，男、女双方往往可以互相视对方的生命为自己生命的价值焦点和意义之源。但是，定型化的思维方式，往往包含着"好"与"坏"事物的分离，以及思维主体对他者的过度担忧。这种担忧又往往导致对他者的"物化"——将其视为一个物体。"这种以部分取代整体，以一个事物——一个物体、一个器官、身体的一部分——取代一个主体的替换，是一种极重要的表征实践——恋物崇拜——的结果。"①

巴赫金曾经指出："话语将是最敏感的社会变化的标志……话语是一种媒介物，在那里慢慢地积累着一些变化，这些变化还没有达到新的意识形态的本质，还没有产生新的最终的意识形态形式。话语能够记录下社会变化的一切转折的最微妙和短暂的阶段。"② 短视频及其他数字新媒介应用的崛起，让女性获得了前所未有的通过媒介发声的机遇和权利，这让女性话语得以频繁地、大量地进入媒介空间和社会空间。这无疑对于彰显女性价值观和意识形态有着重要的意义。

女性媒介建构女性意识形态，也提供了一种特定的看世界的方法。这些意识形态又通过各种文化形式的表征，将其意识形态媒介化，再"回放"给全社会，从而按照其意志来建构社会现实，建构女性自我和男性世界，与传统父权社会设定的女性标准展开对话、斗争和协商。但是如果为了商业利益而炒作性别对抗，实施对男性"他者化"的表征策略，则又让其陷入女性意识形态的一个陷阱之中，"以为只有'定型化'男性，才能获得对于男性的把握，这无疑又将男性设定为判断女性价值的标杆，反过来又将女性的成长空间和价值维度压缩到了一个逼仄的角落中"③。

---

① 斯图尔特·霍尔. 表征：文化表征与意指实践 [M]. 徐亮，陆兴华，译. 北京：商务印书馆. 2013：394-395.
② 巴赫金. 马克思主义与语言哲学 [M] //巴赫金全集：第二卷. 钱中文，译. 石家庄：河北教育出版社，2009：352.
③ 杜志红，纪奕名. 女性话语与他者建构：电视剧《三十而已》的文化表征 [J]. 当代电视，2021（1）：13.

第六章
短视频艺术的
文化属性

第一节　作为一种生活方式

一、生活方式的文化本质

英国文化理论家雷蒙·威廉斯认为,文化是一个含义非常复杂的概念,不同的学科对它有着不同的界定。

一般而言,文化被视为精致的艺术,也就是绘画、文学、音乐和哲学的经典作品,"是'某一社会最佳的思想与言论',是专门为社会精英和知识分子所保留的,在这个文化定义里往往隐含着所谓的高雅文化,并认为文化有高雅、低俗之分"①。这种现象被美国学者詹姆斯·罗尔称为文化概念使用中的"精英风尚",在这种精英化认知中,文化与文明或高级文化是可以互换的经典概念,他将文化看作智力和精神优秀的标准,并且将"有文化的"人与"没文化的"人区别开来。②

许多学科的学者致力于改变这种关于文化概念认知的陈旧观念。人类学家马林诺夫斯基认为,文化是针对那一群传统的器物、货品、技术、思想、习惯及价值而言的。文化包含了"物质设备""精神文化""语言""社会组织",这些东西都是为了满足人的生活需要而生产出来的。③ 马林诺夫斯基的中国学生费孝通对此评价说,"把文化看作满足人类生活需要的人工体系,是马老师所开创的功能学派的基本观点"④。而且,这一文化概念批判了那种只把文化等同于"历史文物""经典文献""遗俗"的文化定义,为全面认识文化的内涵提供了理论根据。因为既然"文化是人对自然的加工",每一个时代的人都以自己的方式展开对自然的加工,那么

---

① 玛丽塔·史特肯,莉莎·卡莱特. 观看的实践 [M]. 陈品秀,吴莉君. 译. 台北:脸谱,城邦文化出版,2013:11.
② 詹姆斯·罗尔. 媒介、传播、文化:一个全球性的途径 [M]. 董洪川. 译. 北京:商务印书馆,2012:148.
③ 马林诺夫斯基. 文化论 [M]. 费孝通,译. 北京:中国民间文艺出版社,1987:2.
④ 费孝通. 文化与文化自觉 [M]. 北京:群言出版社,2010:164-165.

每个时代自然都会有着自己的、不断创新着的文化。

雷蒙德·威廉斯也很早就对精英化的文化概念提出过质疑。他把文化的定义分为三类："理想的""文献的""社会的"。而社会意义上的文化，在他看来就是"一种特殊的生活方式"。① 雷蒙德·威廉斯认为，文化应该是平常的、共同的，也可以是个体的，即一个人全部社会经验的产物。这是一种特殊的生活感觉、一种无法表达的特殊的共同经验，雷蒙德·威廉斯将这种感觉或经验，命名为"感觉结构"，而"一种感觉结构就是一个时代的文化"②。这个文化概念的提出，扭转了传统的关于文化概念的认识。在这个视角下，"文化是动态的生态学，有关人类复杂的各种事物、世界观、礼仪、日常活动和场景……如果这样理解的话，文化是'我们做事的方式'，它揭示'我们是谁'以及'我们不是谁'"③。这样，雷蒙德·威廉斯就将普通的个体或群体的社会实践推到文化概念的中心，赋予了社会成员通过使用媒介或符号交换或创造意义的过程以重要的地位。

斯图尔特·霍尔发扬了雷蒙德·威廉斯的思想，他提出，"文化与其说是一组事物（小说与绘画或电视节目或漫画），不如说是一个过程，一组实践。文化首先涉及一个社会或集团的成员间的意义生产和交换，即'意义的给予与获得'"④。在对文化的理解基础上，斯图尔特·霍尔提出了著名的"编码/解码"理论，认为受众在接受大众传媒产品时有着三种可能的解读方式，即"主导霸权式解读、协商式解读和对抗式解读"，从而重新确定了文本、受众和意义之间的关系。在这种关系中，斯图尔特·霍尔赋予"受众"一方在意义生产中的主体地位，文化是透过复杂的谈话、姿态、观看和行动网络所形成的，某一社会或团体内的成员，便是借

---

① 雷蒙德·威廉斯. 漫长的革命 [M]. 倪伟, 译. 上海：上海人民出版社, 2013: 50.
② 雷蒙德·威廉斯. 漫长的革命 [M]. 倪伟, 译. 上海：上海人民出版社, 2013: 57.
③ 詹姆斯·罗尔. 媒介、传播、文化：一个全球性的途径 [M]. 董洪川, 译. 北京：商务印书馆, 2012: 149.
④ 斯图尔特·霍尔. 表征：文化表征与意指实践 [M]. 徐亮, 陆兴华, 译. 北京：商务印书馆, 2013: 3.

由这些网络来交换意义。①

美国学者约翰·菲斯克基于这样的文化研究思路,开辟了一种将电视视为日常生活方式的研究,他关注的不是电视作为一项产业或是一个营利的商品生产者,"而是试图从观众的角度来理解电视……研究电视所播送的节目、根据这些节目所生产的意义与快乐,以及电视在一定程度上与观众日常生活的结合"②。

英国学者约翰·史都瑞则从文化消费的角度考察了作为一种日常生活方式,大众传媒的读者或受众作为市场消费者也有着主动建构自己意义的能动性,其消费行为本身也是一种文化的实践:"文化消费是一项社会活动,也是一种日常实践。透过文化消费的实践,我们创造了文化……透过文化消费,人们可以实现许多不同的社会与个人目的。我们消费的内容与方式,诉说了我们是怎样的人,或者我们要成为怎样的人。经由消费,我们可以生产并保持特定的生活风格。"③

综上所述,作为一种特殊生活方式的文化,可以说正是不同时代的人们通过器物、货品、技术、思想、习惯及价值,来更新自己的"物质设备""精神文化""社会组织"等,从而形成一种满足人们需要的人工体系,即马林诺夫斯基所说的文化。

如今,随着手机、单反照相机、微单照相机等拍摄器物进入寻常百姓家,影像拍摄已经变成一件易如反掌的事情,人们在日常沟通和交往中学会了拍摄技术,同时用它来记录生活,甚至组织生活场景、学习场景、工作场景、休闲运动场景,我们把拍摄短视频,当成了家常便饭。我们随时随地可以拍摄、观看、传播短视频,它融入了我们的学习、工作、生产、交易、消费等每一个生活细节之中,满足了我们对于新闻信息、娱乐信息、社交信息、营销信息的各方面需求,它成为连通、组织我们生活的重要方式,同时也把我们的生活呈现和展示给世人,它形塑了我们的生活方

---

① 玛丽塔·史特肯,莉莎·卡莱特. 观看的实践 [M]. 陈品秀,吴莉君,译. 台北:脸谱,城邦文化出版, 2013: 11.
② 约翰·菲斯克. 电视文化 [M]. 祁阿红,张鲲,译. 北京:商务印书馆, 2005: 21.
③ 约翰·史都瑞. 文化消费与日常生活 [M]. 张君玫,译. 台北:巨流图书公司, 2002: 8.

式，也形塑了今天这个时代的文化。

二、媒介形塑文化的作用日渐强大

作为一种精神财富，文化的发展受到许多因素的制约。过去，文化的发展更多地受到地域的影响，而现在则更多地受到媒介的影响。

在古代，由于交通不便和通信技术发展缓慢，人们的社会实践往往局限在一定的地理范围之内，从而形成许多具有鲜明地域特色的文化。正如美国学者詹姆斯·罗尔所说："文化在传统上定义为居住在相同的地理范围的人类群体，他们说同一种语言，有相同的信仰，在日常生活的各个层面行为都相似。"① 遍布世界各地的不同文化，正是由于地域隔绝或交往较少，而具有鲜明的差异和特色，也形成同一地域内文化群体强烈的身份认同，以及不同地域间文化的相互歧视。

随着交通技术和传播技术的日新月异，"地域的消失"和"地球村"的形成，让跨地域、大范围的传播和交往取代了地域因素在形塑文化中的重要地位。大众媒介产品的传播、物质商品的流通、人口的迁移等，携带着复杂的文化符号和意义，穿行于不同地域文化的国度或民族，这让人们的社会实践大大拓展了符号交流的范围，从而成为文化形成和文化生产的重要因素。"在许多方面作为地域统一体的'国家'观念不再作为文化的同义词很好地发挥作用，因为今天生活在任何国度里的群体都是一个不断变化的民族群体变体，生活方式亦多种多样，并且人人都从纷繁复杂的跨国文化以及生活风格中吸取一些东西。"②

从约翰·杜威的"社会不仅因传递与传播而存在，更确切地说，它就存在于传递与传播中"③ 的著名论断，到詹姆斯·W. 凯瑞的"传播的起源及最高境界，并不是指智力信息的传递，而是建构并维系一个有秩序、

---

① 詹姆斯·罗尔. 媒介、传播、文化：一个全球性的途径 [M]. 董洪川，译. 北京：商务印书馆，2012：130-131.
② 詹姆斯·罗尔. 媒介、传播、文化：一个全球性的途径 [M]. 董洪川，译. 北京：商务印书馆，2012：147.
③ 詹姆斯·W. 凯瑞. 作为文化的传播 [M]. 丁未，译. 北京：华夏出版社，2005：3.

有意义、能够用来支配和容纳人类行为的文化世界"①。一些学者也逐渐认识到传播对于文化和社会的建构和同构功能，确立了关于传播的文化研究取向，将媒介、传播与文化的关系作为传播研究和媒介研究的重点，扭转了美国实证学派对于传播学的简单化、机械化的理解。

而以哈罗德·英尼斯、马歇尔·麦克卢汉、约书亚·梅罗维茨等人为代表的媒介环境学派，也从另一条路径认识到媒介对于社会、文化的巨大影响，"传播的偏向""媒介即是信息""消失的地域"等概念的提出，宣示了媒介技术在社会、文化中突出的地位。但是，受到争议的是，他们与大卫·阿什德、曼纽尔·卡斯特等社会学家一样，在认识到媒介和传播对于社会和历史的巨大形塑作用的同时，却也"将媒介技术的演变，以及与之相对应的体制和组织演变，放在了社会和文化变迁的主因位置……显然排除了人及其所构成的行动集体发挥其主体性和创造性的理论空间"②。

随着新媒介技术的发展，使用者（消费者）作为一种文化实践主体的地位不断提升，从某种意义上改变了民众作为大众传媒产品的消费者的地位，民众不再仅仅是作为传媒产品的消费者而具有某种在接受过程中的主动性，而是直接在新媒体平台上创制新的内容和新的互动方式。这使得一部分西方学者认识到，原有的"媒介化"概念已不能很好地解释新媒介时代的文化现象。西尔弗斯通提出的"家居化"（"驯化"）概念和索尼娅·利文斯通提出的"中介化"概念，将媒介文化研究从环境视角和批判视角转向阐释视角，认为理解新媒介的文化意义，需要将着眼点放在作为社会实践主体的使用者及他们的日常生活实践中，从大众媒介研究所采用的"生产、文本、受众"的线性架构，转向"器物、实务、社会安排"的动态关系架构。

上述学者的观点和立场得到了致力于视觉文化研究的学者的支持和佐证。西方的视觉文化研究一直以来都是以关注影像文本和创作主体为主，直到约翰·伯格提出"观看的方式"，才将视觉文化关注的重点转移到观

---

① 詹姆斯·W. 凯瑞. 作为文化的传播 [M]. 丁未, 译. 北京: 华夏出版社, 2005: 7.
② 潘忠党. "玩转我的 iPhone, 搞掂我的世界!": 探讨新传媒技术应用中的"中介化"和"驯化" [J]. 苏州大学学报（哲学社会科学版），2014（4）：155.

看主体的一端。约翰·伯格认为,"虽然每个影像都具象了一种观看方式,但是我们对于影像的感知与欣赏,同样也取决于我们自己的观看方式"①。例如,对于一幅照片或影像,观看者可以选择注意或者选择漠视影像内容中的某个局部。这一思想的提出从根本上动摇了影像传播的主导权由生产者一方掌握的观念,解放了观看者作为文化生产者的主体身份。

沿着约翰·伯格开创的研究取向,玛丽塔·史特肯和莉莎·卡莱特研究了人类历史各个时代对于影像的观看实践,解析了意义如何透过观看实践从视觉、听觉和文本再现的世界中被创造出来,考察了影像如何在不同的文化语境中流动,并借由观看而改变其意义。他们认为,"每一天,我们都在'观看'的实践中解读这个世界。透过'观看',我们协商出我们的社会关系与意义"②。

今天,应该没有人会否认我们已处于一个"读图时代"。这个"图"不仅包括图片(静态影像),还包括图像,即声画同构、视听一体的活动影像。除了传统的摄影、电影和电视节目之外,在新媒介环境中出现的各种类型的海量图片和视频,构成了今天新的生活环境。我们几乎没有一天不处在生产影像或观看影像的活动中。

40多年前,约翰·伯格曾经说,借由观看,"我们确定自己置身于周遭世界之中"③。那么,今天我们观看到的世界已经与40多年前大不一样,由于海量的、无所不在的影像的存在,我们所处的世界不再只是一个现实世界,还有一个每天包围着我们的、由影像构成的符号世界。因此,我们观看的世界变得比40多年前的世界更为复杂。生产和观看影像,已经成为一种全民参与的社会实践和生活方式,它每时每刻不断地生产、观看影像符号,建构人与人之间、人与社会之间的各种意义。而符号的创造和对意义的表征,乃是文化的核心。

具体到影像媒介,短视频艺术的传播已经成为今天的生活方式。这种

---

① 约翰·伯格. 观看的方式 [M]. 吴莉君,译. 台北:麦田,城邦文化出版,2010:13.
② 玛丽塔·史特肯,莉莎·卡莱特. 观看的实践 [M]. 陈品秀,吴莉君,译. 台北:脸谱,城邦文化出版,2013:19.
③ 约翰·伯格. 观看的方式 [M]. 吴莉君,译. 台北:麦田,城邦文化出版,2010:10.

数字新媒介影像，已经不再像传统影视艺术那样，只是现实的反映或再现，而是获得了一种新的地位，短视频艺术"影像作为一种中介化的传播媒介，既是认识论意义上的方法与工具，也是本体论意义上的存在方式。由此，传播的内涵也从传递信息、促进交往、建构意义的工具性内容，扩展为本体论意义上的人类一种基本的存在方式"①。换句话说，短视频艺术不是生活的反映，它就是生活本身。

第二节 作为文化创新的空间

文化创新的根本途径是社会实践。传播、媒介的发展对于文化的形成和生产越来越具有重要的作用，以至于传播技术和交往媒介的变革往往成为文化变革、创新和发展的契机。

一、短视频艺术作为文化创新的新媒介影像范式

如果说，在大众媒介时代，读者、受众或消费者以自己的观看、消费实践与大众传媒文本展开意义的协商，并寻找、建构出属于自己的"意义"，进而成为一种文化实践的话，那么到了新媒介时代，数字化、网络化、移动化的技术软件应用的便捷性，可以让他们借助各种新媒介平台而将这些"意义"表达出来，并在网络空间里广泛传播，这将从根本上改变阅读、观看和讨论等相关文化消费活动的规模、范围和强度，从而颠覆原有的文化消费格局，让文化创制的主导权逐渐转移到网络化生活方式下的普通人手中。借用托马斯·库恩的范式概念，这种由媒介变革引发的社会生活方式和文化更新方式的变化，就是一种文化创新的"范式转换"。用美国学者亨利·詹金斯的话说就是："这种转换表现在，以前是媒体独有内容，现在是内容横跨多媒体渠道流动，各种传播体系的相互依赖日益加深，获取媒体内容的方式日益多样化，自上而下的公司媒体和自下而上的

---

① 孙玮. 镜中上海：传播方式与城市 [J]. 苏州大学学报（哲学社会科学版），2014（4）：163.

参与文化之间的关系也更复杂……融合正在改变媒体业运营的方式以及普通大众思考自己与媒体之间关系的方式。我们正处于范式变迁的关键时刻。"①

新媒介所促发的这种文化创造力,渐渐受到中外学者的关注,切入的视角或有不同,但都明确地指向新媒介中文化创新的巨大潜力。美国学者詹姆斯·罗尔从全球化视角出发,认为新媒介催生了越来越多的个性化文化,交叉的媒介化经验和非媒介化经验共同构成了动态的网络,促进了具有创造力的文化实践。"任何对我们生活其中的全球性的、大众传媒的、受因特网影响的世界的文化的研究,必须严肃地考虑传播的最普遍的方面——连接性。不可思议的社会机遇伴随着因特网和信息技术而来。这是因为传播最终是一种开放的不确定的空间,在那儿,人们可以发挥无限的创造力。"② 因此,詹姆斯·罗尔认为,"今天我们不能只说'文化的社会建构',而且还要说'文化多样性的富有创造力和高度个人化的发明'。我们已经进入象征性文化'富裕点'的一个全球竞技场,人们用它来扩展他们的世界、建构他们的社会文化身份以及从日常经验中获得快乐"③。在这种越来越个人化和全球化的发展趋势中,文化已经成长为一种"超文化",即"象征性资源、非媒介化的日常生活场景以及所有其他可以获得的文化表征和文化活动的特殊母体;人们模仿、评价、改变、连缀这些文化表征文化活动,以便扩展他们的视野,共享感伤的情感,创建社会网络,形成生活方式,并以有意义的愉快方式组织生活"④。

詹姆斯·罗尔所说的这种"超文化",在某些方面涵盖了亨利·詹金斯所说的"融合文化"。亨利·詹金斯从媒介融合的角度,关注新媒介技

---

① 亨利·詹金斯. 融合文化:新媒体和旧媒体的冲突地带[M]. 杜永明,译. 北京:商务印书馆,2012:353.
② 詹姆斯·罗尔. 媒介、传播、文化:一个全球性的途径[M]. 董洪川,译. 北京:商务印书馆,2012:15.
③ 詹姆斯·罗尔. 媒介、传播、文化:一个全球性的途径[M]. 董洪川,译. 北京:商务印书馆,2012:304-305.
④ 詹姆斯·罗尔. 媒介、传播、文化:一个全球性的途径[M]. 董洪川,译. 北京:商务印书馆,2012:305-306.

术催生了怎样的文化融合，认为媒介内容生产成为各种草根媒体和广播式媒体角力和协商的场域，消费者通过新媒介正在争夺文化生产的控制权。"融合文化具有很高的生产能力……草根媒体的力量在于它能促进多样性；广播式媒体的力量在于它可以起到放大增强作用。这就是我们为什么应该关注这两者之间交流互动的原因：扩展参与的潜力相当于创造文化多样性的最大机会。"①

澳大利亚学者约翰·哈特利将人们使用新媒体的能力，与数字文化素养联系起来，认为这种素养提升了全民的读写能力（包括影像书写的能力），可以带来新的文化创造力，文化创意产业将扩展为一种具有社会推动力的社会技术。普通民众"必须要能以主体及企业的身份进入社会网络市场，以分享他们各自的专业知识，并且发展出新的网络化专业（'集体智慧'）……使用者自创内容不能被视为只是个人表达与沟通（娱乐休闲）而已。数位识读可以产生新的'客观'描写与论述形态、新的新闻学形态，以及新的想象成果"②。

在对数字时代的文化创意产业寄予厚望的同时，约翰·哈特利还批评了传统媒体和官方文化机构并没有对扩大文化创新的规模有多大的贡献。几十年来，广播电视和电影媒体没有试着扩大故事的规模，因为它们总忙着扩大听众、观众的规模。③ 这样的批判和反思同样适用于整个文化创意产业领域。我们一直以来的所谓文化创新，往往被理解成政府或文化管理部门、文化事业单位的事情，关于文化创新的研究大多数是从国家文化管理、文化产业学等角度切入，如国家层面的政策思路或者政府主导文化创意产业如何做强、做大的问题，包括文化强国战略、文化体制创新、文化创意产业、文化与科技融合的理论与现实问题等。这些研究高屋建瓴，但偏重对策性或应用性，且大多是从文化政策制定、文化内容产品开发、文

---

① 亨利·詹金斯. 融合文化：新媒体和旧媒体的冲突地带 [M]. 杜永明，译. 北京：商务印书馆，2012：371.
② 约翰·哈特利. 全民书写运动 [M]. 郑百雅，译. 台北：漫游者文化事业股份有限公司，2012：106.
③ 约翰·哈特利. 全民书写运动 [M]. 郑百雅，译. 台北：漫游者文化事业股份有限公司，2012：175.

化资源转化等角度来探讨文化创新的,对民众在新媒介时代下的社会文化实践(包括影像传播实践)中所孕育的文化创新还未能给予足够的重视。

今天,新媒介技术使人们进入人人皆可表达观点、传播知识和展开社会关联的新时代,深刻影响到文化的生产、消费和交流;新媒介传播深深介入社会实践的各个方面,成为社会参与、生活营造和认同建构的主要方式;新媒介的使用正在成为民众的数字素养和行为习惯,塑造着新的日常生活,带动着新的知识生产,也创造出潜力无限的文化创新空间。从这个意义上讲,文化创新就不应该只是对传统文化的拯救、弘扬和再造,还应该包括创造新的交往方式和生活方式的当代社会实践。换言之,新的社会实践生产出新的符号和意义,借助新的媒介进行传播而形成新的文化。

那么,这种源于民众在新媒介的使用中所孕育的文化,会不会是低俗的?会不会导致人们的文化素质低下,进而影响到对所谓"高雅"文化或艺术的取代或冷落呢?英国学者雷蒙·威廉斯早就给出了自己的判断,他认为文化领域中的"格雷欣法则"(又称"劣币驱逐良币法则")事实上并没有发生。优秀的文化是不是在减少?这个问题的答案我们无法验证。这是因为"我们生活在一个不断扩张的文化中,这个文化中的所有元素都在向外扩张"[①]。

在新媒介时代,这些"不断扩张的文化元素"中重要的一个部分,就是新媒介的影像传播。

二、短视频艺术传播怎样推动文化创新

短视频艺术的出现,并非孤立的现象,它是整个数字化新媒介影像传播的重要组成部分,从早期的网络化的视频样式如拍客作品、网络视频、网络剧、短视频、微电影,到近年来出现的小咖秀、段子视频等,形成了如今的规模,它与网络视频直播互为关联、互相联动,蔚为大观。那么,它从哪些方面推动了今天的文化创新呢?

---

① 雷蒙·威廉斯. 希望的源泉:民主、文化、社会主义[M]. 祁阿红,吴晓妹,译. 南京:译林出版社,2014:16.

通过追踪出现在短视频影像中的传播现象（包括影像的生产、消费、观看和传播等行为），描述这些新媒介影像的传播特征、使用过程、使用者感受、粉丝行为等，笔者认为，短视频艺术及与之相伴的其他新媒介影像传播可以从以下六个方面对文化创新具有一定的影响。

1. 新媒介影像传播与文化的生产模式创新

新媒介影像的创作因为操作简单、便捷，日益成为民众特别是青少年日常生活中的一部分。短视频、微电影、视频直播等各类影像的社交化传播，可以在实践中丰富人的影像知识和提升人的审美能力，可以在互动合作中激荡创意构想，扩充影像叙事内容，形成由精英和专业机构主导的影视文化生产之外的新生产模式。因此，描述这些生产模式的特点、机制和规律，探讨其生产规模和类型，是深入了解新媒介影像传播的重要手段。

2. 新媒介影像传播与文化的消费模式创新

新媒介影像传播塑造了新的文化消费模式，将人们从原有的消费空间和时间中解放出来，让人们尽情地体验新的影像互动方式（如观看视频直播、追剧、发射弹幕等），从而形成新的消费时尚和文化需求，并衍生出更多的商业机会和新型市场。只有认真审视这些消费模式背后的协商解读、审美交流和认同心理，描述这些新型文化消费市场的特征和影响，才能发现文化创新的新思维和新路径。

3. 新媒介影像传播与文化样式创新

影像传播越来越占据新媒介的核心地位，在传统影视机构所塑造的影视文化样式之外，产生了许多新的影视形态和样式，它们一开始或许只是一群青少年对亚文化的喜爱，但随着时间的推移，这逐渐演变成一种新的时尚，进而发展为被全社会所接纳的新型文化样式，如短视频中出现的各种艺术新形态和传播新形态。传播与文化研究应当认真总结这些新型文化样式的种类，阐明其展演特征和发展方向。

4. 新媒介影像传播与文化主体创新

在新媒介影像传播的过程中，用户创造内容的同时，也创造着新的文化主体。精英文化主体和专业文化主体不断与业余文化主体互动和交流，共同推动文化水平的不断提高，也促进新的文化主体的诞生。这些文化主体的类型和特征、行为方式及其文化素养需要进行仔细探讨。

5. 新媒介影像传播与市场体制创新

文化在传播中交流，在市场中扩散，新媒介影像传播将以各种新的方式影响文化市场原有的体制格局，塑造新的市场体制，这是观察文化创新的必要角度。新媒介影像传播通过创造新的消费时间、消费空间、消费方式，让诸如粉丝行为、人气指数、社会化网络市场等以新的方式成为具有推动力的社会技术。伴随着短视频而出现的带货、"种草"和"好物推荐"等营销方式，正催生出一种"兴趣电商"模式，以取代原有的"搜索电商"模式。

6. 新媒介影像传播与价值观念创新

文化的核心是价值观念。新媒介影像传播，从两个方面塑造着新的价值观念：一是新媒介的民众化取向；二是传播的影像化取向。这两个方面将塑造出新的价值观念，生成新的意义体系。同时，价值观与权力紧密联系，而正如米歇尔·福柯所说，权力不只是消极的，也是生产性的。它"还审查和生产各种事物，它带来愉悦，形成知识，产生话语。它应被看作一具通过整个社会肌体运作的生产网"①。

此外，研究新媒介影像传播与文化创新的关系，还可以为社会相关方面提供一个认识文化创新的新视角，形成新的政策观念，即文化创新不只是政府、媒体机构和文化精英的事情，也不只是政策推动和行政主导的事务，它还有另外的实现途径，即新媒介影像传播所促进的表达和交流，同样潜藏着巨大的文化创新的能量。这将为新媒介影像传播的参与者提供一种文化创新的自觉意识，使其认识到自身实践行为所具有的文化价值，以树立更加明确的方向，从而放下包袱和顾虑，从自在的状态走向自为的状态，进而形成全社会文化创新的氛围和推动力。我们如果能够激发这种能量，也就推动了"大众创业、万众创新"。

---

① 斯图尔特·霍尔. 表征：文化表征与意指实践 [M]. 徐亮，陆兴华，译. 北京：商务印书馆. 2013：74.

三、短视频艺术的创新文化的主要方式

1. 短视频艺术是一种"去中心化"的影像社交媒介

媒介不仅是社会信息集散的中心,还为整个社会提供关于中心的符号框架。例如,电视这种建构中心话语的能力,是与稀缺的频道资源,以及技术水平和专业门槛密切相关的。电视的频道资源从一开始就掌握在少数的电视媒体机构手中,它们有着雄厚的政府或资本背景,拥有社会赋予的信息特权和象征性资源。同时,复杂的电视系统需要多工种、多技术、多设备、多环节的密切配合,而不是一般的个人或群体可以轻易掌握和完成的。从这个意义上讲,电视直播的"中心化"特质,是传统电视的技术条件和媒介特质所决定的。

与电视直播这种"中心化"的传播机制相对照,网络视频则可称得上是一种"去中心化"的传播机制或传播形态。在网络空间中,平台不再具有资源的稀缺性。平台的开设具有理论上的无限性,因此重要的是平台所黏合的短视频创作人数和观看人数。而这些做短视频的主体,一开始以青少年为主,他们没有多少社会资源,这决定了他们所做的短视频内容大多是个人化的。换句话说,他们只能拍摄自己,并与观看自己的人进行互动。每一个短视频创作者想方设法黏合观看短视频的人,每一个观看者会随时离开,并选择观看下一个短视频。每一个短视频中出镜的个体,都是独特的个体,他(她)能够讲述的大多是"关于自己的叙事",如年龄、身高、体重、学历、爱好、兴趣、生活习惯和有没有男(女)朋友等。他们以暴露自己隐私的方式,与这个世界进行对话;他们也分享自己的知识和信息,传授自己掌握的各种技艺(如化妆、购物、服装搭配、美食制作、各种技艺等)……这些故事每一个都不一样,但讲述者都是作为一个独立的个体而存在。他们不再像电视主播那样为了服务某一个宏大的主题而出镜,也不再是某一个中心话语的载体或代言人。他们使用影像的目的和方式就是"社交",通过在镜头前展示自己,并与他人互动的方式,把短视频建构为一种新的影像化的"社交媒介"。

2. 短视频艺术是一种使用者的自我建构

雅克·拉康的镜像理论认为，自我意识的确立来自孩童对镜子中"他者"的存在的认知，而一个人的成长也是在不断认知自我与周围世界的关系中逐步确立主体性的过程。"我们的主体性依赖于我们与有别于我们的他者的各种无意识关系……我们的主体性，是通过这一被搅乱的、向来不完整的无意识与（这一内在化了的）'他者'的对话，才得以形成。"①

一个人的成长过程离不开观看，人通过观看确立自己与世界的关系。短视频就是通过镜像的方式，为青少年提供了一个观看自己和观看世界的窗口。"在我们能够观看之后，我们很快就觉察到我们也可以被观看。当他者的目光与我们的目光交会，我们是这个可见世界的一部分就再也没有疑义了。"② 换句话说，借由观看，每个个体确立了自己存在的事实和存在的意义，也在认知"他者"的过程中建构了一个自我。

根据笔者的观察，使用短视频的创作者绝大多数是处于成长过程中的青少年，其中又以女性居多。这些女性在创作短视频时，优先面对的是自己的"镜像"——镜头中的脸和身体。正是在这种对自己的关注中，她们确立了"自我"。正如约翰·伯格所说："女性必须时时刻刻关注自己。她几乎是每分每秒都与眼中的自我形象绑在一起。女性的身份就是由审视者与被审视者这两个对立的自我所构成。"③ 短视频创作者正是通过审视镜像中的"他者"，来确立现实中的自我形象。

与此同时，这些女性也意识到短视频中的自己会被许多人看到，甚至非常在乎这些观看者的人数，因为这似乎与她们的人生是否成功有着较大的联系。正如约翰·伯格所说，"她在别人眼中的形象是决定了她这一生是否成功的最大关键。别人眼中的她，取代了她对自己的感觉"④。有面容姣好的女性出镜的短视频往往会吸引许多男性观看，这给她们带来很大的

---

① 斯图尔特·霍尔. 表征：文化表征与意指实践 [M]. 徐亮，陆兴华，译. 北京：商务印书馆，2013：352-353.
② 约翰·伯格. 观看的方式 [M]. 吴莉君，译. 台北：麦田，城邦文化出版，2010：57.
③ 约翰·伯格. 观看的方式 [M]. 吴莉君，译. 台北：麦田，城邦文化出版，2010：57.
④ 约翰·伯格. 观看的方式 [M]. 吴莉君，译. 台北：麦田，城邦文化出版，2010：57.

成就感，这反映了女性自我建构的内在需求。因为女性出镜者清醒地认识到自己正在被观看，她们和这些观众一起观看自己。

总之，人们通过短视频掌握了一种影像符号的生产技能，这种技能就是米歇尔·福柯所说的"自我构成的技术"，它能够"使个人得以通过自己的手段或通过他人的帮助，来影响加之于他们自己的身体和灵魂、思想、行为和存在方式的一系列作用，以便为了达到某种状态的幸福、纯洁、智慧、完美或不朽而转变自己"①。换句话说，通过这种"自我构成的技术"，个人才具有了主体位置。短视频是实现这种"自我实践"的现代形式。

3. 短视频是一种创作者的文化展演

短视频不仅建构了一种自我，还通过影像传播的符号制造和传递了一些"意义"。正是这些"意义"的生产，使短视频成为一种具有文化性质的展演。

首先，短视频是一种社会化权力的象征性形式。所谓象征性形式，在詹姆斯·罗尔看来，"主要是指通过印刷、照片、电影、视听或数码等技术复制和传递的人类交际的内容……这是象征性形式确定其个性和力量的重要方式的一部分"②。短视频创作者通过互动来分享和谈论一些基本的生活技艺或知识技能，如化妆技术、美食制作、音乐演奏、体育运动、商业经营、专业知识……其中，包含着自己的爱好和擅长的部分。作为普通人，他们拥有的这些才艺，可能很少有机会在电视上得到展演或传播，但是在短视频中，他们轻易地实现了；甚至还可以通过这种展演或传播，与粉丝建立起朋友关系，这些都是他们通过视频直播这种象征性形式建立起来的"象征性社会资源"。正如陈卫星所指出的那样，"在无数开放的社会传播的链条中，人们幻想自我拥有什么东西作为自己的象征资源。这个资源是象征权力实施的媒介者，是社会在物资和象征意义上得以再生产的组

---

① 斯图尔特·霍尔. 表征：文化表征与意指实践 [M]. 徐亮，陆兴华，译. 北京：商务印书馆，2013：480.

② 詹姆斯·罗尔. 媒介、传播、文化：一个全球性的途径 [M]. 董洪川，译. 北京：商务印书馆，2012：186.

成要素"①。

运用这套象征性形式,人们获得了自己的象征性社会权力。例如,"网红"群体的出现,他们与先前"网络红人"在概念、名望或地位等方面相勾连,带有一种"成名的想象"意味;同时,他们拥有的粉丝数、点赞量、转发量等,可以通过接广告或带货的方式来变现,这就是对自己的象征性权力和资源的一种现实肯定。

其次,短视频建构了一套自我表达模式和美学范式。言辞模式的短视频,一般是开门见山,直击人们关注的核心事物;剧情模式的短视频,会将剧情的矛盾与冲突放在最前面,而且叙事节奏较快,展现矛盾与冲突的速度也较快,绝不拖泥带水。动作模式和空镜模式的短视频,会把最精彩、最好看的动作展示出来,将不够精彩的片段剪掉,并赋予呈现出来的短视频片段以一种吉尔·德勒兹所说"特权时间"的意味,而且短视频创作者会精心挑选音乐,追求画面动作与音乐在节奏上的巧妙配合。同时,他们会非常关注短视频下的留言,挑选精彩的评论进行回复;他们回复的方式,往往是善意的、调皮的、幽默的,与微博、贴吧等互动中的激烈程度相比,短视频中的互动相对比较和谐愉快。

围绕着短视频展开的互动,是短视频艺术传播过程中的重要环节,与影像片段共同构成了一根完整的链条。因此,短视频的内容不是像电视媒体的内容那样是单方面设定的,而是协商性的、共创式的,是观看者与短视频创作者共同完成的仪式。在这个过程中,短视频创作者完成了自己的社会化。借用埃米尔·杜尔凯姆的观点,短视频创作者在听路人和粉丝说话时就仿佛在聆听社会,他们会以为这些说话的人代表了社会,从而使"社会对个人的感情提升了个人对自己的感情"②,他从这些感情中体会到社会对自己的感情。

最后,短视频创作者建构了以他自己为中心的"微观世界"。这种以短视频创作者自己为中心的建构机制是这样的:屏幕中的头像和声音是属

---

① 陈卫星. 传播的观念 [M]. 北京:人民出版社,2004:350.
② 尼克·库尔德利. 媒介、社会与世界:社会理论与数字媒介实践 [M]. 何道宽,译. 上海:复旦大学出版社,2014:93.

于短视频出镜者一个人的；他在明处，犹如被灯光照射的舞台；而互动的观众在暗处，只有通过文字发声和点赞的权利。这种架构本身就让短视频创作者有一种"我是中心人物"的幻觉，而这种幻觉与电视里的播音员、主持人的感觉一样，都是一种"社会声望赋予"的机制。

在这个以自己为中心的微观世界中，短视频创作者展开自己的文化表演：将自己最好的一面呈现出来，努力使自己成为别人欣赏或敬仰的对象。他们会在短视频中教授某些生活知识、才艺或技能，将自己打扮成"生活的导师"或是具有某些方面能力的老师，并以某个方面的专家或老师自居，从而满足自己希望被人尊敬的需求。

此外，短视频创作者还通过短视频的表征系统和各种惯例，来显示自己与不使用短视频者之间的差异，这些差异把他们建构成掌握一种媒介技术的"先进者"。"这些东西用使他们能够作为文化上有能力的主体而活动的文化'技能'来装备他们……他们学会了知识的惯例因而逐渐变成'文化的人'，即他们文化中的成员。"①

马林诺夫斯基指出，"说话是一种人体的习惯，是精神文化的一部分"②。正是通过短视频创作，短视频创作者将自我形象和身体符号化，通过与他人交换故事，在网络世界建构出一个时尚的、招人喜爱的、受人尊敬的自我形象，这个形象是现实生活中所没有的，它是现实自我之外的一个"网络自我"。这个"网络自我"作为一种文化符号，成为他（她）自己重要的象征性文化资源和权利资源。

综上所述，短视频中的影像互动塑造着新的日常生活，带动着新的知识生产，也创造出潜力无限的文化创新空间。短视频的使用作为一种新媒介影像的社会实践，可以极大地拓展个人参与者的社会经验和社会期待，形成自己新的生活方式，保持自己作为网络流行文化的"先行者形象"，这样的一种社会机制，让当今文化创新的主体逐渐从过去的知识精英转向广大青少年群体。

---

① 斯图尔特·霍尔. 表征：文化表征与意指实践 [M]. 徐亮，陆兴华，译. 北京：商务印书馆，2013：30.

② 马林诺夫斯基. 文化论 [M]. 费孝通，译. 北京：中国民间文艺出版社，1987：6.

具体到短视频来说，它使得个体的日常生活体验不再局限于直接感知的物理空间，还提供了创造和想象的空间，同时也提供了流通于社会空间中的意义象征资源。借助短视频的创作，青少年可以自由地与这个世界对话，体验到游走的自由，跨越私人和公共、国内与国际、个人与社会等种种边界，建构自己的群体归属，这些元素的相互交织，或许将"重构我们民族、文化和政治共同体的认同的社会蛋白质"[①]。这样，它不仅生产出新的文化主体，也生产出新的权力关系。它将不断地形塑我们的日常生活，让直播成为一种新的生活方式和沟通交流方式，以及一种新的文化形态。

第三节 作为跨文化传播的新渠道

一、短视频艺术打开跨文化传播的新局面

跨文化传播是全球化时代的重要命题之一。世界各民族、各国家、各地区都有着自己独特的文化，但也形成互相之间的区隔与不同。因此，没有文化的沟通和交流，"人类命运共同体"的建构，就会困难重重。

跨文化沟通交流需要借助一定的传播媒介，世界不同的文化里最主要的不同来自文字和语言，因此文字和语言既是不同文化的载体，也是跨文化交流的主要障碍。依靠文字和语言进行沟通交流，必须要求不同文化中的人掌握其他文化的文字和语言，这对于世界各地的普通人来说是一件困难的事情。

影像具有文字和语言所没有的天然的跨文化沟通优势。通过观看活动影像，人们很容易理解影像中呈现出来的人物行为和动作所演绎的故事。短视频艺术在这方面可谓具有天然的优势。

传统影视艺术也是进行跨文化沟通的重要手段，但是由于传统影视艺

---

① 潘忠党. "玩转我的iPhone，搞掂我的世界！"：探讨新传媒技术应用中的中介化和驯化[J]. 苏州大学学报（哲学社会科学版），2014（4）：160.

术篇幅较长、制作缓慢，每年的产出量极其有限；同时传统影视艺术往往要讲述一个相对复杂的故事，因而不得不依赖文字和语言，例如，要想让不同文化的人理解对白、旁白、独白等形式，就必须借助翻译；此外，传统影视艺术大多隶属于规模较大的影视机构或组织，往往以讲述宏大叙事为己任，在跨文化传播中，往往携带着该国的国家意志或者文化霸权意识，因而在促进各国人民之间的交流方面，效果并不理想。比如美国的许多电影和电视剧，就往往携带着"美国伟大、美国优先"的自大倾向。他们的制作团队将自己的意识形态进行编码，并在全球范围内传播，而这往往受到许多国家观众的抵抗性解读；我国国内票房很高的电影，如《战狼》等，在走出国门后也往往遭到别国观众的曲解或误读。这些事实都说明，传统影视艺术在跨文化传播方面还有着许多不尽如人意的地方。

长期以来，关于国家形象宣传片的基本特征可以概括为：单向的宣教思维而非双向的传播思维，较多集体叙事而非个人叙事，较多宏大话语而非民间话语。这样以国家为主导的专业生产内容视频的国际传播模式往往带有强烈的政治色彩，而大部分海外观众又对政治话语有着天然的排斥，官方的形象宣传片自然无法收到良好的传播效果。

短视频艺术的出现，打开了跨文化传播的崭新局面。作为当今最引人注目的新媒介影像传播现象之一，短视频已经超越电视、网络视频直播，成为目前最重要的视频传播载体之一。从早期青少年在短视频平台上利用影像，展开社交和自我呈现，到后来逐步扩展到新闻传播和商业推广领域，短视频的影响力正在逐步扩大，进而走出国门，登上了跨文化传播的表演舞台。短视频凭借着在媒介和传播方面的优势，通过视听技术呈现，鼓励全民积极参与内容生产，增强国际受众对传播内容的认同感，提升国际传播的效度与黏度。自2019年以来有关"李子柒现象"的讨论，就是从李子柒的短视频是不是"文化输出"的问题进入社会舆论场的，从而引发了更多人的关注和讨论。

截至2020年3月，李子柒在某境外视频平台上的粉丝数达到了800多万，而且这个数字还在不断地增长中。这个粉丝数可以跟美国乃至全球颇有影响力的媒体——美国有线电视新闻网（Cable News Network，

CNN)的粉丝数一决高下。但是李子柒达到这个粉丝数只发了100多个短视频,而CNN却已经发了约14万个短视频;而且这两个账号的粉丝黏度也完全没办法对比,李子柒几乎每一个短视频,播放量都在500万次以上。许多外国网友在李子柒的短视频下留言,赞美李子柒的短视频"简直就是童话世界,就是伊甸园"。有的网友说,"她是我最喜欢的YouTube博主,她是一个大厨、艺术家、园艺家,我希望她能加上英文字幕,我太想知道她在说什么了"。还有的网友说,"难以相信,我最喜欢的频道,竟然是一个我完全听不懂语言的频道"。

李子柒在国外广受追捧的现象也引发了国内的热烈讨论。《人民日报》、中央电视台、新华网等几大主流媒体纷纷为她点赞,夸她是"传承中华文化的使者","染衣、酿酒、织布、古法造纸、制作胭脂口红……最近,一个叫李子柒的姑娘,把传统文化和田园生活拍成视频上传网络,引发海内外网友关注。传播中国文化,讲好中国故事,活出中国人的精彩和自信,是李子柒带给我们的生动启示"①。可以说,无论是从短视频的观看者数量,还是从人们评价或讨论的热度来看,李子柒的短视频都可以称得上是一种值得研究的传播现象。

李子柒现象只是中国短视频跨文化传播的一个缩影。更多的短视频艺术携带着中国文化在国际上的传播,已形成一道亮丽的风景。在短视频产品的国际市场上,中国互联网企业占据着极其重要的位置,特别是基于对用户需求和市场机遇的把握,短视频社交媒体精准地打入海外市场,短时间内迅速扩大用户群体,并拥有一批固定的、忠实的用户。例如,以TikTok为代表的短视频媒体打破了西方社交媒体的垄断霸权,成功落地海外市场,成为海外热门视频应用之一。

TikTok的前身是Musical.ly,Musical.ly被称为"国内短视频出海的鼻祖",是上海闻学网络科技有限公司旗下产品,早在2014年该产品便在北美上线,主攻国外市场,甚至一度登顶美国App Store榜单,在2016

---

① 人民日报. 人民日报谈活出中国人的精彩和自信[EB/OL].(2019-12-30)[2021-06-20]. https://dahebao.cn/news/1478577?cid=1478577.

年便拥有 1 亿多用户。北京字节跳动科技公司于 2018 年收购了 Musical.ly，并将抖音海外版与 Musical.ly 合并，改名为 TikTok。

TikTok 正式上线后，主攻日韩及东南亚市场，并在收购北美同类型平台"妈妈咪呀"之后，借机进入欧美市场，成为跨文化传播的中坚力量。根据移动应用数据分析公司 Sensor Tower 商店情报数据显示，2021 年 2 月抖音及其海外版 TikTok 以 5 600 万次下载量，位列全球热门移动应用（非游戏）下载榜冠军。其中，抖音的下载量占 18%，TikTok 美国市场的下载量占 11%。2021 年 2 月全球热门移动应用下载量 TOP10 榜单出炉，TikTok & 抖音仍位列榜首（图6-1）。

2021年2月全球热门移动应用下载量TOP10榜单　Sensor Tower

	Overall Downloads		App Store Downloads		Google Play Downloads
1	TikTok & 抖音	1	TikTok & 抖音	1	MX TakaTak
2	Facebook	2	YouTube	2	Facebook
3	Instagram	3	ZOOM	3	Instagram
4	WhatsApp	4	Instagram	4	TikTok
5	Telegram	5	WhatsApp	5	Telegram
6	MX TakaTak	6	Facebook	6	WhatsApp
7	ZOOM	7	Clubhouse	7	Snapchat
8	Snapchat	8	Messenger	8	Moj
9	Messenger	9	Jianying Vlog	9	ZOOM
10	Moj	10	Gmail	10	Messenger

图 6-1　2021 年 2 月全球热门移动应用下载量 TOP10 榜单

（资料来源：Sensor Tower 全球领先的手游及应用情报平台）

注：下载量不包括中国及其他地区第三方安卓市场。

2016 年，快手也开始组建海外发展团队，并在无大规模市场投放的情况下开始在泰国、俄罗斯、印度尼西亚等国尝试开发海外市场。快手海外版 Kwai 进入俄罗斯市场后，仅用一年的时间就在当地的应用市场排行榜上居于第一的位置。在韩国，李知恩（IU）、权志龙等明星也开始使用 Kwai，从而为 Kwai 拓展了当地市场，因此短时间内 Kwai 获得韩国地区 Google Play 软件市场应用下载量总排名和视频编辑类排行榜"双冠"的佳绩。

中国短视频平台在海外市场发展迅猛,为讲好中国故事、建构中国形象、传播中国文化做出了重要贡献。

二、短视频在跨文化传播中的媒介优势

1. 影像符号优势：跨越语言文字鸿沟

短视频传播属于动态媒体传播,即利用动感的现代化技术来进行传播。相较于语言文字,视觉符号化的内容生产和传播方式能承载更大的信息量,传播效率更高,也更有益于拓展短视频海外传播的范围。

"事实上,在新媒体时代,融合文字以及'图像、声音、视频、动画、图表和色彩等多感官模态结合的话语素材'将极大地丰富跨文化传播的表现形式,增强海外用户认知效果,提升中国故事的吸引力。富于中国特色的表情符号、表情包、弹幕,以及日趋成熟的虚拟现实和增强现实技术或许都可以成为认知中国文化的助推器。"[1] 受众被瓜分注意力资源,跨越语言文字和文化背景的鸿沟,彼此之间建立起一种信任机制,因此视听语言具有强烈的视觉说服感染力。而这种视觉说服感染力更有利于跨文化传播,让中国故事更加形象化、直观化,展示可视化的中国形象。比如传统手工艺的制作、传统乐器的美妙声音,都可以通过短视频得到直观的呈现,让用户产生情感共鸣。

以中国为代表的东方文化一直是高语境文化体系,表达更加隐晦和含蓄,需要参与者深入理解。而欧美国家属于低语境文化体系,文化传播极少依靠交际语境,而主要依靠语言本身的编码信息。在高低语境的转换过程中,要充分考虑他国受众对符号的理解和解码能力,基于"共通的意义空间"的传播才更具有效性。而视听语言由于其较易做到"解码的共通性",因此也更容易达成传播的"共情"与"共识",这对于对外传播而言是极为重要的。视听语言与新媒体的结合可以将传播的"情感卷入"最

---

[1] 辛静,叶倩倩. 国际社交媒体平台中国文化跨文化传播的分析与反思：以 YouTube 李子柒的视频评论为例 [J]. 新闻与写作,2020(3)：19.

大限度地释放。①

2. 创作主体优势：民间表达的多元性

短视频艺术在海外的传播，使得中华文化的跨文化交流真正实现了"民间化"的转向，扭转了以往的跨文化传播以国家话语为主导的局面。由于智能手机的普及和简易剪辑软件的出现，短视频的拍摄和制作变得非常容易，这让短视频用户生成内容普及成为可能。短视频用户可以随时随地拍摄、上传和分享短视频，这大大提升了短视频的传播效能。同时，"去中心化"的平台给受众更多参与文本创作的空间，用特有的弹幕形式实现文本的再创造，积极参与到内容的二次加工和传播的过程中，实现与世界的沟通。"通过与短视频平台在'议程'上的推动相结合，能够使TikTok等短视频平台成为隐形的公共外交平台，提升中国在社交媒体上的可见度。"②

人人可以参与制作传播的短视频更接近于一种"个人表达"，允许中国网民和来自全球的网民共同制作和分享关于中国文化和风景的视频内容。"这不仅能够拓展对外传播的内容来源，更重要的是通过宏大话语和个人表达的结合，能够更加完整地呈现中国的文化特色和风土人情。"③ 在TikTok上，汉服、古筝、中国功夫等受到海外用户的争相模仿。TikTok上关于中国风和中国传统文化的短视频正受到越来越多用户的关注，仅标注为"汉服"话题（#hanfu）的短视频观看总量就已经突破了3亿次，一位账号为"acekidprod"的外国短视频创作者就曾在短视频中介绍中国古代传统服饰——马面裙。这些来源于民间的个人生活，不仅主题鲜活生动、贴近受众需求，还传递出比以国家为主体的官方传播方式更具渗透力的文化信息，更有利于打破不同国家之间文化交流的壁垒。

在传播技术的助推下，当前正在发生的、具体而细微的国际传播的行

---

① 栾轶玫. 视觉说服与国家形象建构：对外传播中的视听新话语 [J]. 新闻与写作，2017 (8)：14.
② 王沛楠. 中国互联网企业海外短视频平台上的中国形象分析：以短视频平台TikTok为例 [J]. 电视研究，2019 (4)：32.
③ 王沛楠. 短视频平台：拓展对外传播的蓝海 [J]. 国际传播，2018 (3)：24-25.

为主体的"第三波嬗变",即走向更为微观的对象——作为社会人的普通个体,与垂直型传播平台相适配,传播内容在碎片化、个性化、人格化与节点分发中形成传播闭环。①

三、短视频艺术跨文化传播需要创新影像话语表达

所谓影像话语,既可以指影像作品文本传递出来的思想观念和社会意识形态,又可以指由构建影像的思维方式和组接方式共同构成的话语表达。前者是指文本说了什么,后者是指文本怎么说。而构建影像的思维方式和组接方式决定了影像的类型和风格,也决定了影像作品的生产理念和组织方式。

短视频艺术进行跨文化传播,需要从内容和形式两个方面创新影像话语,才能获得良好的传播效果。以火遍外网的李子柒的短视频为例,其影像话语就具有自己独有的特点,具体表现在以下几个方面。

1. 侧脸镜头建构"她我关系"

从内容上讲,李子柒的短视频主要以美食为表现对象,在题材上并不具备独特性。多年来,观众在众多电视频道里已经见惯了各种各样的美食节目,比如"XX 私房菜"等。那么,李子柒的短视频与这些电视美食节目的区别是什么呢?其中,最大的不同就在于镜头的角度。

在一般的电视美食节目中,主持人或嘉宾一般都会面对镜头说话,这种镜头角度在观众看来就是"你在说,我在看(听)",电视镜头通过这种正面直视的角度,使主持人或嘉宾看起来仿佛是对着观众说话,这种镜头角度建构了主持人或嘉宾与观众之间的一种"你我关系"。与此类似的是,一些网络视频直播平台上的"网络主播"也大多是面向镜头说话,建构的也同样是一种与观众之间的"你我关系",在罗伯特·艾伦看来,这是一种电视言辞模式,"通过直接招呼观众而模拟面对面相遇"②,试图营

---

① 张毓强,庞敏. 生活日常的全球化与国际传播产业化路径的探索:关于李子柒现象的讨论[J]. 对外传播,2020(1):62.
② 罗伯特·艾伦. 重组话语频道:电视与当代批评理论[M]. 牟岭,译. 2 版. 北京:北京大学出版社,2008:106.

造一种直接的、人际的交流感。而李子柒没有这样做，她在短视频中从来不像主持人或嘉宾那样正面直视镜头。因为在李子柒的短视频中，绝大多数镜头都是从侧面拍摄的，而且她的侧脸镜头占了绝大部分。通过这种安排，李子柒建构起的与观看者之间的关系是一种"她我关系"——我们看李子柒是作为一个旁观者，而不是一个对话者。

侧面角度的镜头运用，让李子柒的短视频摆脱了电视屏幕里那种常见的直面宣讲，而把自己塑造成一个故事中的人物，观众看到的她是一个"陌生的她者"，而不是一个"熟悉的来客"，这是一种好莱坞电影模式而不是电视言辞模式。这种好莱坞电影模式，用罗伯特·艾伦的话来说，就是"煞费苦心地将其运作掩盖起来。它偷偷地攫取观众的注意力，使观众变为电影世界的隐蔽的观察员，这个电影世界看起来形式完美，内容独立"。同时，"电影表演的大忌之一就是眼睛正对镜头，因为这样就有可能会打破电影现实感的幻觉，因为直面镜头会让观众意识到横插在他们与电影屏幕世界之间的电影制作设备"。① 由此可以看出，电视言辞模式与电影模式的一个根本区别，就是电视言辞模式将观众变为电视的一部分，而电影模式则让观看者始终处于一个旁观者的地位。正如约翰·伯格所说的那样，"电影的叙事方式决定了我们只能与他们相逢，不能与他们一起生活"②。因此，电视是把场景带到观看者家里，而电影则把观看者带往别处。在电影院里，观众都是旅行者，画面的移动性会带着观众离开当前的所在之处，来到故事发生的现场。李子柒的短视频正是通过侧脸的角度建构起的这种电影模式，将观看者带入一个仿佛世外桃源般美好的地方。

2. 叙事蒙太奇连续的动作组接

李子柒的短视频剪辑方式全部是由连续的动作组接的，而且用的都是固定镜头，这是其影像话语的又一个重要特征。李子柒的短视频里展现的都是她在连贯地做各种农活、家务活等的样子。连续的动作组接是一种叙事蒙太奇，即镜头按照一系列连续发生的动作或情节进行剪辑，它遵循的

---

① 罗伯特·艾伦. 重组话语频道：电视与当代批评理论 [M]. 牟岭，译. 2 版. 北京：北京大学出版社，2008：105.

② 约翰·伯格. 约定 [M]. 黄华侨，译. 桂林：广西师范大学出版社，2015：19.

原则是，每个故事必须围绕某个特定的人物在一个时间段、一个场景里展开，并按照时间顺序列出一个个具体事件，或者从一种状态到另一种状态的变化。李子柒的短视频，基本上都是在讲述她在一个时间段里连续地制作某一种美食或某一件家具等，并按照故事的结构来展开叙事的。

这种叙事蒙太奇是作为表现蒙太奇的对立面而存在的。苏联蒙太奇学派的代表人物之一普多夫金认为，"蒙太奇的作用主要是组接，即把各个镜头像砖块一样垒加起来，使每个镜头建立在前一个镜头之上以产生整体的意义，而造成镜头间连接效果的是观众的联想能力"①。他反对苏联蒙太奇学派的另一个代表人物爱森斯坦的做法。因为爱森斯坦特别推崇表现蒙太奇，坚持通过镜头组接来产生冲突和对比的效果，最后走向了电影的概念化，将影片弄成思想体系和概念体系的直接表现。

而固定镜头的使用则能让观众成为安静的观察者。固定镜头就是拍摄时摄影机是不动的，不做任何的推、拉、摇、移、跟、甩等机器或机位的移动。固定镜头带给观众的视觉效果是，镜头里人物的动作仿佛是自然呈现的，让观众忘记有人在拍摄。如果拍摄机器有任何推、拉、摇、移、跟、甩等动作，那么观众立刻就会意识到镜头后面是有人在操纵的。这种固定镜头的执着使用，是力图追求一种类似于"直接电影"的风格，即形成一种"墙壁上的苍蝇"（fly on the wall）的美学，让摄像机成为一个"隐蔽的或不引人注意的观察者"，同时，被拍摄对象多半会埋头于自己的营生，就好像摄影机根本不存在。这构成了"直接电影的最关键的能指"，而这种拍摄方式也是比尔·尼克尔斯对纪录片所做分类中"观察式纪录片"的制作风格。②

3. 叙境的同期音效和对"非叙境的"元素的克制

数字技术让当代的拍摄工具更加小型化，也让录音设备更加精细化，能够无须求助于后期音效就能呈现声音的直观性和原生性。在李子柒的短视频中，她的每一个动作都伴随着清晰的、富有质感的同期音效，如倒

---

① 李幼蒸. 当代西方电影美学思想 [M]. 北京：中国社会科学出版社，1986：92.
② 吉尔·内尔姆斯. 电影研究导论 [M]. 李小刚，译. 4版. 北京：世界图书出版公司，2012：220-230.

水、添柴、烧火、切菜、翻炒、采摘、挖掘等，其声音质量可与中央电视台出品的系列美食纪录片《舌尖上的中国》的声音质量相媲美。这些声音都来自她劳作的现场，来自她做事情的动作，它们是一种"叙境的"音效。在电影理论中，"叙境的"是指一部影片中直接来自叙事空间的那些元素。例如，影片音轨上响起一首歌，只要歌声明显来自影片的世界，那么它就是"叙境的"。① 与此相对应的是，"不包含在电影世界以内的任何因素，像旁白、演职员表或烘托气氛的音乐和音效，以及那些不是源自电影世界的一切"② 都是"非叙境的"。在李子柒的短视频中，其"非叙境的"元素只有音乐和字幕，在使用上保持了很大的克制，音乐音量也没有压住干活劳作的同期音效，没有损失现场的叙境感。李子柒在视频中几乎不说话，只偶尔与奶奶对话，但那都是"叙境的"声音元素。短视频中没有添加任何解说与旁白，字幕的使用也仅限于对一些食材名称或工序的注解。这些对"非叙境的"元素的克制使用，让人忘却影像中的她旁边站着一个团队在与其一起忙碌。

因为放弃了解说与旁白，所以李子柒视频的影像话语就是一种"呈现"方式而非"宣讲"方式。如果她的短视频中加上了解说与旁白这样的"非叙境的"元素，那么就变成了与《舌尖上的中国》和许多专题片、宣传片一样的味道。对于不懂中文的外国人来说，这种放弃了解说与旁白的视觉呈现，并不影响其感知短视频中所呈现的动作过程和最后的结果。这种连续的动作组接和现场"叙境的"声音，共同营造了一个个生活场景，讲述了一个个劳作故事，这些场景和故事可以跨越文字语言的障碍，被外国人所认知。这说明短视频影像在跨文化传播方面比文字语言更具有天然的优势，而这种优势正是影像媒介天生的特质。"首先，影片的表达面是由形象性符号构成的……因此银幕上的形象表现，按其本性即倾向于叙事性的表现。其次，银幕上的影像都是运动的。一切对象，包括静止的风

---

① 吉尔·内尔姆斯.电影研究导论［M］.李小刚，译.4版.北京：世界图书出版公司，2012：473.
② 吉尔·内尔姆斯.电影研究导论［M］.李小刚，译.4版.北京：世界图书出版公司，2012：463.

景,在有摄像机拍摄以后,都在事件延续中被记录下来,并参与变换。"①

当然,影像在叙事方面的这种先天跨文化传播优势,并非总能发挥出来。长期以来,那种以表现蒙太奇为思维习惯的专题片或宣传片,就是一种对影像跨文化传播优势的束缚或糟践。因为那种用文字语言来统驭画面的"表现蒙太奇由于过分严格地'组织'了观众的知觉,因而在银幕画面中就消除了多义性。镜头含义过于明确,反而使观众没有想象的余地了"②。正如罗兰·巴尔特所说,影像里的文字语言,其作用就是让形象所可能具有的众多意义简化为一,"文本引导读者穿过形象的所指地域,使读者能够避免一些意义,同时接受另外一些意义"③。从这个意义上讲,让声音来统驭画面,还是让声音来服务画面,就成了电影与电视在美学上的分野,即"电视声道的首席地位违反了电影美学中的传统观念:在电影美学中,声道必须服务于影像"④。这一点也再次证明,李子柒短视频的影像话语是电影式的,而不是电视式的。

四、短视频艺术跨文化传播需要扩展内涵范围

在关于李子柒的短视频是不是"文化输出"的讨论中,许多人批评和质疑李子柒的短视频,认为李子柒展示的农村生活"贫穷、落后","不能代表当今中国人的生活";也有人认为李子柒"美化了农村生活,现实农村并没有那么美好"。可笑的是,这两个主要的质疑点居然来自两个截然相反的方向。那么,我们究竟应该如何正确认识李子柒是否传播了中华文化这个问题呢?这恐怕要先从什么是文化开始说起。

英国文化研究学者雷蒙德·威廉斯曾把文化分为三种类型或者三个方面,即"理想的文化""文献的文化""社会的文化"。"理想的文化",是指人类根据某个价值观追求自我完善的状态或过程;"文献的文化",是指

---

① 李幼蒸. 当代西方电影美学思想 [M]. 北京:中国社会科学出版社,1986:154.
② 李幼蒸. 当代西方电影美学思想 [M]. 北京:中国社会科学出版社,1986:102.
③ 罗伯特·艾伦. 重组话语频道:电视与当代批评理论 [M]. 牟岭,译.2版. 北京:北京大学出版社,2008:40.
④ 罗伯特·艾伦. 重组话语频道:电视与当代批评理论 [M]. 牟岭,译.2版. 北京:北京大学出版社,2008:40.

人类留下来的思想性或想象性作品的实体，是被记录下来的思想和经验；"社会的文化"，是指一种特殊的生活方式，"包括生产组织、家庭结构、支配着社会关系的各种制度结构，以及社会成员赖以相互沟通的各种特有的形式"①。这个对于文化的看法，得到了马林诺夫斯基的赞同和支持。作为文化功能学派的开创者，马林诺夫斯基认为，"文化是指那一群传统的器物、货品、技术、思想、习惯及价值而言的"②，文化包含了"物质设备""精神文化""语言""社会组织"。简而言之，文化是人对自然的加工。这一文化概念，批判了那种只把文化等同于"历史文物""经典文献""遗俗"的定义，为全面认识文化的内涵提供了理论根据。

　　根据以上对文化概念的辨析，可以看出李子柒的短视频内容充分表现了"人对自然的加工"，通过她的劳作，再现了中国西南农村地区现存的各式各样的生活和生产方式，这是一种农村生活的文化。这种文化并不是李子柒创造或者编造出来的，而是当今中国亿万农民正在过着的日常生活。李子柒把自己作为一个影像符号，将这些日常生活进行了再现。这里面不仅包含种植、生产、加工、制作技艺，如耕种、养殖、采摘、收割、脱皮、淘洗、晾晒、研磨、发酵、腌制、熏卤、酿造、烧烤、剁切、烹饪、蒸煮、焖炖、煎炸、调味等，还包括生活用具、交通工具的制作与使用，如木作、编织、缝纫、推车、骑马等。无论是农事还是家事，都需要一整套的器具（如容器、窑炉、灶台、刀俎等），也需要一整套的技术手段。而在这些背后，则需要熟知农作物生长、气候变化等相关知识，掌握一定的加工处理的经验和智慧，拥有人与自然和谐共生的世界观和自给自足、知足常乐的价值观。如果仅用效率或经济的指标来衡量这些农村的劳作，显然，是没有工业化生产和市场化交易显得"先进"和"高效"的，但它给人一种脚踏实地的实在感和安全感，这也成为城市人向往宁静美好农村生活的原因之一。虽然一些城市人也可以做出李子柒所做的那些美食，但是他们所用的食材只能到市场上去买，无法做到从源头上获取。例

---

① 雷蒙德·威廉斯. 漫长的革命［M］. 倪伟，译. 上海：上海人民出版社，2013：51.
② 马林诺夫斯基. 文化论［M］. 费孝通，译. 北京：中国民间文艺出版社，1987：2.

如，城市人也会和面、拌肉馅儿、包饺子，但是做不到先去地里种小麦、养生猪。城市人已经远离了自然，而李子柒不过是把亲近自然的农村生活呈现出来罢了。许多人看完李子柒的短视频中蕴含的那种"治愈感"，大概就包含了这样一层意思在其中。

至于很多人认为李子柒"美化了农村生活，现实农村没有那么美好"的原因，可以通过影视作品的媒介特性来解释清楚。李子柒的短视频影像和声音无疑是唯美的，许多画面都是她和她的团队精心选择的结果，即根据审美所做的选择结果。而大多数人觉得"农村生活没有那么美好"的原因，可能在于影视媒介本身只能记录声音和画面，它诉求的是听觉和视觉。这就在无形中把人类五种感官中的味觉、触觉和嗅觉都抽离了。因此，当人们在观看李子柒的短视频时虽然感觉很美好，但是无法感受到她在做饭时的烟火气，或者感受不到她在做饭时的那种温度。人的感官都被视听媒介抽离了，而真实的农村生活是人的感官都可以感觉到的。因此，之所以很多人会质疑农村不是这样的，是因为真实的农村生活可以闻到、感受到那股子烟火气或者那种温度。

那么，李子柒所呈现的那种生活是否值得向往呢？笔者觉得是值得的。人们向往的生活，其本质或核心就是品质。李子柒呈现了品质生活应该有的样子。例如，古代的文人雅士、达官贵人都梦想着回归田园山林，亲近自然生态，所以才会在都市中大兴造园之风，江南园林的建造就大多起源于对这种田园生活的向往。出门进市井社会，回来过田园生活，曾是古代人推崇的品质生活。即便在当今社会，许多在大都市里生活的人也都有着那种回归田园的理想，这其中有出于对食品安全的考虑，所以他们会出资到郊外租一片空地来种粮、种菜；更主要的是出于亲近自然的天性，这一点可以从每年大小长假里那些奔向自然山水、扎堆旅游的人身上得到明证。从这个意义上讲，李子柒的短视频展示的是当代人难以实现的品质生活。

当然，这种品质生活是李子柒通过影视手段精心打造出来的，带着某种理想性。人们通过观看李子柒的短视频所获得的精神享受或安慰也是不可低估的。从某种意义上讲，李子柒的短视频代表了两种值得嘉许的工匠精神。第一种工匠精神指的是她的劳作本身，体现了精耕细作的精神，这在农村中比较讲究的人身上展现得尤为明显；第二种工匠精神指的是她的作品本身，无论是构图、剪辑、镜头、布光，还是她的妆容、服装、道具都非常讲究。李子柒很注重服饰、工具上的选择，一定要穿得像演员那样，酷似古代女子；她用的那些器具都很讲究，如蒸笼、碗盘等。李子柒其实是按照拍摄电影的手法在拍摄她的生活，她先是美化了自己的生活，然后把这样的生活拍了出来。工匠精神存在于各种生产活动当中，其核心是敬业、精益、专注。因此，李子柒的短视频令人动容的地方，或许正是在于她那种从里到外、从劳作到拍片透出来的精益求精的品质。

那么，个体的故事为何可以演变成一种文化的传播？这是由影像媒介本身的特性所决定的。在纪录片中出现的影像只是一个形象记号，它并非单纯地表示被拍摄的事物，而是使该事物的影像在一个社会性的语境中起特定记号的作用。画面上影像记号组合所意指的并不是在摄影机面前的具体演员和布景实物，而是由它们所代表的一些抽象的物类。导演正是利用这些"类概念"来进行形象性思维。[①] 也就是说，李子柒虽然在短视频呈现的是她一个人劳作的影像，但是在外国人看来，她代表的是某类中国人的形象。这启示我们需要重新思考什么才是中华文化或中国故事，什么才是最好的讲述方式。中国故事里并非只有传统文化和群体性的民族振兴和大国崛起，还应该包含当今国人个体化的日常生活实践；讲好中国故事的方式，并非只有经过了"文字语言组织的自我阐释或自我表白，还可以有安静而不事张扬的自我呈现"[②]。这种鲜活灵动又生生不息的民间日常生活，应该作为中华文化对外传播的重要内容；同时也应该优先选择较为客观的个体化的影像叙事话语，创新讲好中华文化或中国故事的方式。

---

① 李幼蒸. 当代西方电影美学思想［M］. 北京：中国社会科学出版社，1986：156.
② 杜志红. 短视频传播中华文化的影像话语创新：从"李子柒现象"的讨论说起［J］. 中原文化研究，2020（3）：27.

第七章
短视频艺术的社会实践

第一节 打卡：重塑地方声名

短视频艺术重建了与地方（城市或乡村）的连接，让地方或现实空间获得了自己在媒介中出场的平等机会。那么，传统影视艺术中如何忽略了地方？而短视频艺术又是如何让地方获得出场的机会呢？

一、传统影视艺术对地方的忽略

地方作为承载人与地关系的基本单位，由空间衍生而来，但它又不仅仅是一个物质的无内容的空间。美国华裔地理学家段义孚提出，通过居住、投入经常性活动、不断累积亲密性及记忆、赋予意义，以及建立真实体验和情感认同，空间有可能转变为地方。地方不只是地图上的符号标志，更是被视为一个凝聚着人们的意义、意象和感觉价值的中心。[1]

然而，长期以来，地方一直受到大众传播媒介的忽略。如前文所述，大众传播媒介往往将地方视作障碍，是需要跨越的地域，因此也往往不在乎那些被跨越的地域有什么价值，或者有什么意义。

而在大众传播媒介报道中出现的每一个地方，却有着不同的待遇。受自然条件或历史变迁等因素的影响，不同的地方会在政治、经济、文化等方面存在等级差别，一些地方因为成为各种级别的政治、经济、文化中心而享有盛名，另一些地方则因为被管辖或级别低而常常无法获得媒体或社会的关注。因此，在传统媒体报道中，某个地方被媒介呈现，一般要么有着显赫的政治、经济、文化地位，要么作为某项新闻宣传任务需要采访的典型，其出场有着许多新闻宣传需要考量的因素。如果这两点都不是，某些地方就会常年处于无人问津的状态。

---

[1] 段义孚. 空间与地方：经验的视角 [M]. 王志标，译. 北京：中国人民大学出版社，2017：112.

在电影或电视剧这类影视艺术中,地方常常被人们所忽略。创作者和观看者关注的焦点是剧情、故事、人物形象,或是作品的主题、风格、艺术表现力等,也就是说,大家关注的是这个影视艺术再现了什么时代风貌或表现了什么思想情感。至于这个作品中的故事发生地在哪里、拍摄地在哪里,不是他们关注的重点,充其量只是花絮或花边新闻而已。

二、短视频艺术对地方声名的重塑方式

短视频艺术则不然。由于普通人被赋予了创作和传播的权利和能力,因而从理论上讲,任何一个地方的人,只要愿意都可以通过制作短视频来传播某个地方的景观、美食或文化,吸引其他地方的人来到某地,集中制作短视频来宣传某个地方,那么该地方很快就会成为"网红打卡地"——这是一种短视频时代重新赋予地方声名的新型方式,与以往地方在媒介中出场的方式和机会都大相径庭。那么,打卡是通过怎样的传播机制实现对地方声名的重塑呢?

1. 何谓打卡

复旦大学的孙玮教授在其文章中分析了打卡这一概念在短视频时代的演变过程,并把打卡当作短视频影像媒介实践的关键词。她指出:打卡原本指工作人员上下班时在磁卡机上读取员工卡以记录出勤和下班时间的动作,被应用到网络语境中之后,衍生成为对日常生活的一种记录,表达个体某一时间对于某一地点的"出席",向别人宣示自己来过某地,看过、体验过某一事物。[①]

孙玮认为,打卡有很多种形式,人们可以组合使用文字、图片、视频、外部链接、地理位置等各种手法。打卡与普通的拍摄行为的区别是,打卡这一行为"强调的是身体在场"。因此,与大众媒介时代的拍摄相比,打卡类短视频的意义,"绝不仅止于大众成为拍摄主体。它最重要的特质在于,突出拍摄者的身体与物理空间的感官相遇,以及影像在虚拟空间的

---

① 孙玮. 我拍故我在 我们打卡故城市在——短视频:赛博城市的大众影像实践 [J]. 国际新闻界,2020 (6): 11.

呈现与流转，这两个方面缺一不可。这才构成了打卡所意味的穿梭虚实的一个循环"①。

在打卡的过程中，用户既可以通过短视频中的文字、图片、视频和定位来围绕地点进行叙事，又可以通过自己的个体经验和情感来对地方进行想象和渲染。这些分享、互动激发了广大用户的协同创意，一些地方的特色符号很快被挖掘出来，并在强大的算法机制下获得更广泛的传播，从而贡献了地点的流量和热度。空间的真实与虚拟相互交融，物质属性与社会属性相互嵌入，为地点的出场提供新的思路和契机。

2. 打卡类短视频与地理位置的连接机制

在数字短视频影像中，地理位置获得了与影像同时被展现的新方式。移动手机媒介设计了标记位置的功能，人们在上传短视频时，可以将地理位置标记出来，观看者看到某个视频时，可以根据屏幕上显示的地理位置，与影像发布者展开互动和讨论。例如，看到某个账号发布的短视频中某地景色很美，人们就可以根据地理位置在地图软件上查询交通路线，在美食软件上查询饭店的评分情况，在旅行软件上查询机票、火车票、旅馆等信息，影像因而带动了地方的被呈现，地方因此被"激活"。当无数的人们沿着短视频提供的线索到某地打卡，那么这个地方就会成为"网红打卡地"，从而获得短视频赋予的新的声名。

短视频平台为"无名之地的出场"提供了传播的机制，比如在抖音中，各种美食类、旅游类短视频里会放置兴趣地点（Point of Interest，POI），当人们看到短视频时，如果遇到喜欢的美食、美景，直接就能通过POI标签得知短视频中的地理位置，以便在线下进行打卡，这有助于线上流量的线下转化。"从媒介实践的角度来看，实体的风景名胜类空间中能够促进人们积极主动交往的线索相对较少。而POI认领这种抖音平台创造出来的企业地点营销方式，为原本默默无闻的一些地点添加了数字网络化

---

① 孙玮. 我拍故我在 我们打卡故城市在——短视频：赛博城市的大众影像实践 [J]. 国际新闻界，2020（6）：11.

的符号和互动元素。由此提高了该类空间形象在平台之间的传播能力。"①各种无名之地在这种方式下也被人们所知晓。图 7-1 是八大城市群无 POI 热点短视频数量所占比例。

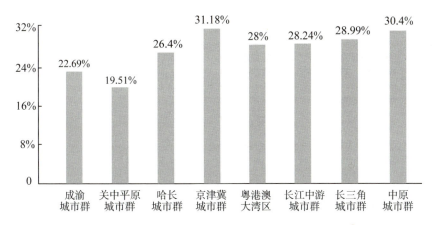

图 7-1　八大城市群无 POI 热点短视频数量所占比例②

与打卡紧密相关的就是地理位置。短视频地方影像中非常重要的一个主题就是地方的景观，包括空间、街道、建筑、景色等。地理位置则是这个主题的关键内核。以抖音 2020 年发布的数据报告为例，2020 年抖音上升最快景点 TOP10（图 7-2）里，有银基动物王国、花果园湿地公园、长沙世界之窗等，这些景点都包含了确定的地理位置元素，确定的地理位置使得再小众的景点都能够进入传播链条中被人们所知晓。

打卡行为的发生还与短视频特有的分发机制密切相关。例如，抖音通过今日头条算法机制，来获取用户的个人信息和阅读喜好，并通过大数据分析，精准地投放观众所喜爱的视频内容。一些高质量的、具有创意的、与城市相关的视频，通过信息分发机制精准投放给大众。这在吸引大众对

---

①　潘霁，周海晏，徐笛，等. 跳动空间：抖音城市的生成与传播［M］. 上海：复旦大学出版社，2020：182.
②　潘霁，周海晏，徐笛，等. 跳动空间：抖音城市的生成与传播［M］. 上海：复旦大学出版社，2020：118.

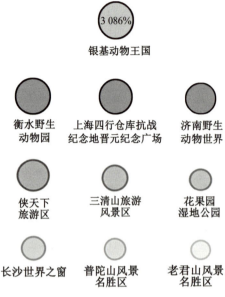

图 7-2　2020 年抖音上升最快景点 TOP10①

该地产生关注的同时，也使大众对该地的印象不断加深，进而产生了到线下实地打卡的兴趣。在这套独特的内容分发机制下，景点的传播效率和传播效果得到了显著的提升。

观看者在观看短视频后前往拍摄地点进行打卡，由此创作了更多的短视频，并上传到网络中，短视频播放量也随之飙升，这个数据飙升的背后是大众在物理空间源源不断地大量移动。例如，西安市永兴坊美食街的"摔碗酒"项目吸引了大量抖音用户的目光，全国各地的游客慕名而来，纷纷在此地拍摄短视频，并上传至自己的抖音账号。"这样的打卡行动形成了抵达位置、拍摄视频、上传互动的多重循环。"② 这种循环带动了城市知名度和经济的发展，也创造了一个城市独一无二的标签，给城市带来了大量的游客与广泛的关注度。据相关数据显示，2018 年重庆市洪崖洞等"网红景区"的游客接待量有显著增长。③ 这表明短视频不仅具有拍摄、观看的功能，还能激发观看者亲自去线下打卡和体验。而打卡也不仅仅在于个体的经历与体验，它也满足了人们需要被关注的心理。通过打卡的方式，人们能够使用视觉、听觉、触觉、嗅觉、味觉这五种感官进行全方位的体验，从而感觉到自己是真正地来过这个地方。

此外，打卡类短视频实践也让旅游的性质发生了改变。传统旅游注重

---

① 抖音. 2020 抖音数据报告［R/OL］.（2021-01-05）［2021-06-20］. http://www.199it.com/archives/1184841.html.

② 孙玮. 我拍故我在　我们打卡故城市在——短视频：赛博城市的大众影像实践［J］. 国际新闻界，2020（6）：13.

③ 文化产业评论. 抖音+清华发布：短视频与城市形象研究白皮书［R/OL］.（2018-09-18）［2021-06-20］. https://www.sohu.com/a/254628329_152615.

的是个人的内在感受，是增强自身对旅游地的认知，以及对旅游地文化的内心体验。这是非常个人化的行为，并不会进入传播领域向陌生人道说。但是打卡不一样，它让旅游变成了一场自我证明和自我传播的行为，并激励观看者亲临现场进行体验。打卡区别于一般旅游，它不仅仅在于个体的经历与体验，更有另一层特别意义——刷存在感，即创造现身于新媒体平台与他人共处于某个环境中的感受。[1]

综上所述，新媒介影像并不是传统影视在网络空间的延伸，新媒介与地方之间，不再是与大众媒介类似的再现和表征，而是存在另一种截然不同的、以"嵌入"为主要特征的互动关系。在与地方相关的短视频生产过程中，新媒体技术构筑了媒介与地方空间之间一种新的关系，由此彻底重构了原有的地方构建的情境和途径，生成一种新的地方构建形式，而这种范式的转换也给地方带来了全新的内涵。新媒体技术带来的人人参与的传播特性，使得地方的建构和传播也变得更自由、更及时、更具创造力。

3. 打卡类短视频对地方声名的重塑

打卡类短视频给许多地方带来了巨大的关注度和影响力。据《短视频与城市形象研究白皮书》显示，抖音平台里存在着11个短视频数量超过百万的"爆款城市"。[2] 在这些城市中，除了"北上广深"这样的超一线城市，更多的是重庆、西安、南京、苏州等新一线城市。而很多贫困地区，如四川稻城、贵州荔波、河南栾川等地也在抖音上走红，在提高关注度的同时也促进了当地旅游业的发展。[3] 2018年风靡一时的"抖音之城"，用15秒钟的城市短视频，掀起了中国大陆城市形象工程重塑的风潮。像重庆李子坝这样一个穿越建筑物的高架轻轨站短视频，不可思议地达到了上亿次的点赞量，全国各地的游客纷纷前来观摩。这种短视频艺术重塑地方声名的例子每天都在发生。

---

[1] 孙玮. 我拍故我在 我们打卡故城市在——短视频：赛博城市的大众影像实践 [J]. 国际新闻界，2020 (6): 13.

[2] 文化产业评论. 抖音+清华发布：短视频与城市形象研究白皮书[R/OL].(2018-09-18) [2021-06-20].https://www.sohu.com/a/254628329_152615.

[3] 梁小度. 抖音新定义：第九大艺术[EB/OL].(2019-12-18)[2021-04-30].https://www.sohu.com/a/361172993_120216093.

地方声名包括两个部分：一是地方知名度；二是地方形象或地方意象。打卡类短视频的播放量、点赞量、评论量和转发量等指数，构成了某个地方被关注的重要指标，是这个地方知名度的一种重要体现。据《重庆日报》、携程集团联合发布的《2018年重庆上半年旅游大数据报告》显示，2018年上半年，重庆接待境内外游客超过2.6亿人次，实现旅游总收入超过1900亿元，游客接待量、旅游总收入增幅排名全国前列，重庆位居全国游客数量增长最快的十强城市榜首，而世界旅游业理事会（World Travel & Tourism Council，WTTC）发布的《2018年城市旅游和旅游业影响》报告也显示，在全球旅游增长最快的十大城市排名中，重庆也位居榜首。① 这种旅游收入的快速增长，与抖音平台上重庆作为"网红城市"之首的知名度而言，不能说没有密切关系。

短视频打卡除了重塑一个地方的声名之外，还会重塑一个地方形象或地方意象。仍以重庆为例，在成为短视频"网红城市"之前的若干年里，重庆给人的印象，来自传统影视所塑造的形象。其中最为出名的是《红岩》等影视剧中所塑造的"红色土地"的形象，其中给人印象最深的是白公馆监狱和渣滓洞集中营里革命先烈们不屈不挠英勇抗争的英雄群像，红色革命意象是那些年重庆的重要标签，人们去重庆旅游也大多将这些地方作为重要的目的地。

而作为短视频"网红城市"的重庆完全颠覆或改变了自身原有的地方形象或地方意象，如李子坝轻轨站的建筑奇观、洪崖洞的璀璨夜景、三江汇流的壮丽景色、朝天门码头的宏伟气势……构成了重庆新的城市形象或城市意象，这是一种影像化、奇观化的现代都市气象。作为一座依山而建的"山城"，重庆的城市格局是高低错落的垂直性布局，这种城市格局特别适合现在的手机竖屏拍摄和观看习惯。短视频创作者可以通过竖屏拍摄的方式，将重庆这座城市的层次透视感一一呈现出来。可以说，竖屏影像增加了重庆的城市"颜值"，一个魔幻、多彩、靓丽的重庆城市新意象，

---

① 重庆市旅游发展委员会.《2018年重庆旅游大数据报告》发布，重庆旅游指标增速领跑全国[R/OL].（2019-01-04）[2020-06-20].https://www.sohu.com/a/286754921_120028883.

就这样被短视频影像重新塑造出来。

短视频除了带给人关于一个地方形象或地方意象的审美冲击之外,还可以直接推动新景点的产生,并通过人们的打卡在线下获得实体化的实现,这既增添了"景点"的可看性,又为"景点"增添了新的内涵和特色。例如,西安大唐不夜城的"不倒翁小姐姐"——冯佳晨因其独特的表演,在抖音平台上爆火,不少人专程跑到西安打卡只为目睹"不倒翁小姐姐"的表演(图7-3)。因

图 7-3 "不倒翁小姐姐"的表演
(资料来源:抖音截图)

此,她被誉为"一个人带火一座城"的新晋"网红",并被官方授予"陕西文旅推荐大使"的称号。

"不倒翁小姐姐"在接受媒体采访时说,每天大约会有1万人到现场观看她的表演,观看者会纷纷伸出手来与她握手。从视频中可以看出,"不倒翁小姐姐"稳稳立于不倒翁的底座之上,身姿轻盈,轻舞罗扇,一颦一笑间,将唐朝美人的妩媚端庄演绎得淋漓尽致,让人宛如梦回大唐,被网友誉为"用自己的不倒换来万人的倾倒"。不仅如此,"不倒翁小姐姐"的视频还火到了海外,在 TikTok 上有 200 多万次的点赞量,让世界各国网友领略了盛唐的风貌。在评论区,粉丝们用不同的语言留下了对"不倒翁小姐姐"的称赞。

这类表演在许多"网红城市"和"网红乡镇"都大量存在,有的带有组织性,有的则是民间自发形成的。不管怎样,这类表演为一个个地方景点带来了民间的生活色彩,也让地方景观因为这些表演而获得了新的意象和韵味。而这也在传统影视宣传模式之外,开辟了地方形象或地方意象宣传的新模式和新路径。

三、"网红打卡"对地方形象宣传和地方营造的影响

短视频"网红打卡"现象的出现,与地方形象的传统影视宣传模式有着很大的不同。

地方形象的传统影视宣传,一般会采用形象宣传片的模式。这种模式往往会采用表现蒙太奇的组接方式,将一个地方的名山大川、文物古迹、风景名胜、地标建筑、风情街区、美食美味等,用空镜模式或者人物模式共同呈现出来,并配上一段音乐,营造关于这个地方的人文风情。这种城市形象片,提供了一种观看城市的"上帝"视角,它借助"假器"以超人的方式在城市中飞檐走壁、凌空穿越,捕捉城市的整体轮廓,潜入城市的历史记忆,浓缩城市流动的速度,这种观看的主体是非人的。①

由于采用了上帝视角,传统影视宣传片基本上建构的是一种宏大叙事。"这种宏大叙事的影像,通过剪裁、拼贴跨越时空的城市景观,以及脱离日常生活的仪式化镜头表演,构成了一种视觉奇观。在这种影像中,位置只不过是脱离人之日常生活存在的虚幻场景,身体感官与位置的具体化联系被彻底剔除。影像作为媒介,以虚拟再现之方式,将位置从城市物理空间中拔出、移动,使其虚幻化,以实现与困于肉身之固定主体的接合。"因此,在孙玮看来,"大众媒介时代城市形象片的重点在于'脱域',所谓人在家中坐,走遍全世界。这个所谓的'走',是指影像的移动,影像传输将远距离世界带入到人的视野中,'脱域'是作为表征的影像带给人的一种虚拟状态。人未动,仍然处于固定的位置,并没有脱离地域。城市形象片就是此种'脱域'的典型状态"。②

如前所述,打卡类短视频与城市形象的连接主要源于其移动性和位置性。在打卡类短视频中,裹挟了丰富的位置信息。例如,观看者后续前往短视频拍摄地,生产更多的短视频,并上传至网络,短视频播放量伴随的

---

① 孙玮. 镜中上海:传播方式与城市 [J]. 苏州大学学报(哲学社会科学版),2014(4):168.

② 孙玮. 我拍故我在 我们打卡故城市在——短视频:赛博城市的大众影像实践 [J]. 国际新闻界,2020(6):12.

是大众在物理空间源源不断的大量移动。① 孙玮指出，短视频城市影像打破了虚、实两种空间无法兼容的状况，开启了双重感知，并再造了新型感知的新经验。打卡将实体空间与虚拟空间的双重感知综合在一起，创造了一种史无前例的新型感知，因而也在此基础上建立了一种与地方形象宣传和地方营造的密切关联。

这种打卡类短视频开启了地方形象宣传的新模式，"很多网红城市的政府机构开展与新媒体平台合作，试图吸纳市民的短视频城市影像实践的力量，以达成提升城市形象之目标。且不论这种合作的动机、效果如何，一个显而易见的事实是，原本官方主导的大众媒介时代城市形象片的宣传模式，已然遭遇大众民间城市影像实践的挑战。大众城市影像实践的视觉性力量，正在改变城市形象生成与传播机制等诸种社会现实"②。这种视觉性力量产生的影响是多方面的。大众从城市形象产品的观看者，转变为城市影像生产的实践者。如果说大众媒介时代的城市形象片构成了脱域（去地方化）和全球化的一面，那么移动媒介开启的民间城市影像实践则构成了一种全球化和数字化背景下的"再地方化"力量。

这种"再地方化"包含两个方面：一是重塑地方形象或地方意象；二是促成了围绕着短视频及新媒介影像传播而展开的地方营造行为。

所谓地方营造，又称"场所营造"或"社区营造"，最早由美国学者简·雅各布斯和威廉姆·怀特等人提出，他们强调城市建设应该以人为本，通过营造各种小空间，为日常生活提供便利和创造意义。此后，地方营造作为一种理念和实践在世界范围内不断发展和推广，与此相伴的实践活动如城市更新、艺术乡建、旅游规划等也在中国勃兴。换句话说，地方营造是根据某种形象或想象，按照某类社会主体的意志对实体空间进行的一种兴建或改造实践。

那么短视频"网红打卡"为什么能影响到地方营造行为呢？换句话

---

① 孙玮. 我拍故我在 我们打卡故城市在——短视频：赛博城市的大众影像实践［J］. 国际新闻界，2020（6）：13.

② 孙玮. 我拍故我在 我们打卡故城市在——短视频：赛博城市的大众影像实践［J］. 国际新闻界，2020（6）：20-21.

说，新媒介影像传播何以能与地方营造发生关联？除了媒介与地理位置的关系日益密切之外，还有数字影像媒介的特殊性问题。威廉·米切尔认为，数字影像解构了传统影像与真实之间的关系，创造了一种可以轻松变造和传播的输入价值，形成了与外部世界互为图像性的镜像迷宫。① 后来，威廉·米切尔进一步指出，"图像是我们接近图像所再现的事物的途径，更重要的是，（如哲学家尼尔森·古德曼所说）图像是'世界制作的方式'，不仅仅是世界的反映"②。因此，"一个视觉文化的辩证概念不能满足于将其对象定义为'视觉领域的社会建构'，而必须坚持探索这个命题的交错反转版本，即'社会领域的视觉建构'"③。换句话说，以前传统影视只关注影视产品如何被社会生产出来，却很少关注影视传播如何成为社会领域的视觉建构力量，特别是影视传播如何影响了地方营造这种社会领域的实践行为。

其实，人类根据想象、意象来营造实物或地方的历史由来已久。在传统中华文化中，把"龙"的形象刻制于各种物质载体，根据审美意象营造居住空间的江南园林都是典型的案例。电影、电视等影像媒介出现后，影像传播研究较少关注影像如何影响空间建造，而是主要关注影像与真实的关系，把影像视为现实的反映、再现或表征。短视频"网红打卡"因其显著的社交性、涉身性、移动性及虚拟性等特征，模糊了影像与真实、虚拟与现实的边界，并与地理位置和实体空间重新建立起新型的复杂连接，这种复杂连接体现为一种循环互动，即"网红打卡"会形成一种"模仿性跟随"，进而形成某种社会风尚（或者共识与认同），并引发政治、经济、社会等方面的资源聚集，从而推动对某一个城市空间或乡村空间的新建或改造。这个被新建或被改造的地方，会成为一种新的公共空间、经济空间或文化空间，并吸引人们进一步来此体验、打卡，拍摄短视频，进一步在网

---

① 威廉·米切尔. 重组的眼睛：后摄影时代的视觉真相［M］. 刘张铂泷，译. 北京：中国民族摄影艺术出版社，2017：75-76.
② W. J. T. 米歇尔. 图像何求：形象的生命与爱［M］. 陈永国，高焓，译. 北京：北京大学出版社，2018：19.
③ W. J. T. 米歇尔. 图像何求：形象的生命与爱［M］. 陈永国，高焓，译. 北京：北京大学出版社，2018：377.

络空间传播，如此循环往复。

由此可见，"网红景点"、热门打卡地、特色街区等各种新文化地景的出现，折射出数字影像的生产消费正在成为影响乡村再造和城市地方营造的重要推动力量。例如，《都挺好》是在苏州取景拍摄的电视剧，该剧制作精良，汇集了时下人们所关注的热门话题，因而获得了较高的收视率，是名副其实的"爆款剧"。人们在关注剧情的同时，也关注到了苏州的美景，有的网友更是制作出了《都挺好》的同款打卡地，引来其他网友的纷纷打卡，使得苏州这些景点更加火爆。而苏州市政府注意到这一现象后，就决定将苏州的古城区打造成"全域影视基地"，以此来吸引更多的关注和拍摄。这一决定也使得苏州古城区的一些地方得以重建。

那么，如何利用好这一循环模式以便更好地进行地方营造呢？

首先，立足地方特色。地方景观是作为"网红景点"的第一步，只有优美的、具有特色的地方景观才能吸引大众。例如，西安的城市定位偏向于突出历史古城的名片效应，重庆的城市定位偏向于推广城市的特色景观，成都的城市定位则偏向于打造"休闲之都"的形象。每个城市都在努力打造属于自己城市独特的城市标签。

其次，发挥好政府和资本的作用。地方景观为了便于视觉消费而被政府重新设计和改造，政府重视并展示相关的城市空间是为了改善地方形象、吸引资本投资。例如，西安、重庆、成都这些"抖音之城"，当地政府都善于运用互联网思维，及时进驻抖音、注册官方账号，积极地同抖音平台展开合作，引进资本，线上、线下齐发力，从而加快解决旅游业的管理困境。又如，重庆李子坝高架轻轨站成为"网红景点"后带来惊人的外地客流，重庆市渝中区政府甚至为此搭建观景台、增设LED屏幕，以便外地游客前来打卡；西安市旅游发展委员会与抖音平台达成战略合作协议，希望以此带动城市旅游宣传模式的创新。

最后，重视平台和用户的参与。优质专业的创作者开展空间实践，产生空间体验，通过短视频相关软件，制作出与地方相关的短视频，利用平台的分发机制，去挖掘和发现这些短视频的潜在用户，并且推送优质化、精品化的短视频，来提升地方的形象。受众通过自己的空间实践和空间体验（打卡），将城市元素融入短视频中，并分享出去。在短视频社交平台中，创作者与受众之间不停地互动，从而引发了更多的空间实践，产生了更大的传播效应。

第二节　怀旧：影像资料库的价值重塑

所谓影像资料库，是指各个电视媒体机构自设立以来播出并存档保管的电视节目库。我国的各级电视媒体机构自节目开播以来，就一直遵循着国家的相关规定，将播出的各类节目和一些珍贵的素材进行归档保存。这些被保存的节目库如今成为"电视媒体资产"的重要组成部分。对广播电视行业来说，影像资料库的内容每天都在不断地增加，包括每天生产的音视频数据和相关信息资料，这些音视频内容包括图片、拍摄素材、录音、音视频资料和节目成片文件等。

从1983年全国广播电视会议确立了"四级办广播、四级办电视、四级混合覆盖"的方针开始算起，我国大多数地方电视台的媒体资源已经积累了30多年甚至40多年；就全国来说，近3 000家电视台的这些音像资料，涵盖了记录中国改革开放40多年进程的珍贵而丰富的影像档案。然而，对于这笔巨大的媒体资产，目前我国大多数电视媒体机构的认识理念还相对保守和落后。如何让电视媒体资源重塑其应有的价值，仍然是一个值得认真探讨的问题。短视频艺术的出现，为电视媒体资源的开发再利用提供了良好的契机。

一、电视媒体资源管理的思维局限

关于电视媒体资源管理的研究，主要将目光聚焦在以下两个方面。

第一，如何利用新技术尽快完善电视媒体资源管理。有研究指出，目前电视台大多数媒体资料已经完成数字化存储，但还存在早期资料处于原始的磁带存储阶段，一些录像带等资料因为存储手段的落后，往往在质量上已经无法满足目前电视节目播出的需求。当下，对媒体资源的存储"抢救"工作已经刻不容缓，同时，媒体资源的数字化再开发应是各大传统媒体的共同选择。地方电视台所建立的管理系统，通常以媒体资源编排、存储和再利用为主，虽然能够无缝对接非线性编辑系统，但是服务对象仅局限于电视台内部，无论是社会影响力，还是潜在的经济效应，均未得到充分发挥。①

　　第二，从技术层面探讨如何高效和安全使用音像资料。例如，有研究强调利用大数据、5G等新技术开展媒体资源管理和升级换代。又如，利用大数据可以迅速搜索到电视媒体资源中可以使用的影像资料或文字资料，提高编辑的工作效率；还可以通过数据识别功能，有效捕捉新闻节目中出现的问题人物或问题事件，避免记者、编辑在使用资料画面时出现误用、错用的现象，这无疑提高了电视媒体资源的使用效率和资料使用的安全性。

　　笔者认为，如果电视媒体资源只是满足于电视台节目的档案价值和安全管理需要，那么对于这么一笔庞大的媒体音像资源，还只是发挥了很小的作用，体现了有限的价值，因为这种视野还是建立在宣传本位和安全本位的基础上的。如果要让电视媒体资源发挥更大的价值，还应该用更宽广的视野来拓展电视媒体资源的管理和使用范围。这个新的视野就是要跳出电视媒体机构的视角来看待电视媒体资源，把电视媒体资源视为全社会共同的财富，才能让它发挥出更大的社会价值。

　　以中央电视台为代表的电视媒体曾经在这方面做出过一些探索。例如，2013年10月18日正式启动电视节目资料的社会化有偿服务工作。从此，渴望得到优质节目素材的各类用户，只需拨打资料销售热线电话，或发送传真和电子邮件，与中央电视台音像资料馆取得联系，即可购买到所需的音视频内容资料，150多万小时的丰富库存将满足购买者不同的需求。但总的来说，这种有偿服务还只是从媒体自身的利益出发进行的探索。

二、更新电视媒体资源管理思维，着眼再传播

　　伴随着移动网络技术、数字技术和传输技术的不断进步，我们已经进入了短视频时代。据相关资料显示，截至2020年3月，我国网民规模为

---

① 谭舟.5G时代地方电视台媒资管理与应用探索［J］.中国有线电视，2020（5）：571.

9.04亿人，其中，网络视频（含短视频）用户规模达8.50亿人，较2018年年底增长1.26亿人。① 随时随地观看短视频，已经成为人们的重要生活方式。那么，在这样的环境下，我们需要思考如何利用短视频来实现电视媒体资源的再传播和再利用。

目前，一些电视媒体已经做出了一些探索，节选了一些之前的新闻报道，投放到短视频平台上进行再传播，获得了一些关注，但总的来说，还没有形成较大的影响力。笔者认为，电视媒体资源库管理系统在向用户提供内容时，应该重视向网络新媒体进行转化，或者推出关于城市记忆的系列节目。电视台将对媒体资源进行统一整理，把各时期的素材按10年为一个主题进行归纳，媒体资源就有了时间上的划分，电视台可以按照城市发展的时间线制作节目。在播放这些珍贵的历史素材时，里面出现的一些人或是多个地点等都是历史的再现，也是勾起人们回忆的源头。媒体资源里藏着人们记忆里或许已经模糊的场景，藏着人们自己都不知道的声音。这是一代人或几代人关于城市的回忆和体验，也是一个城市发展走过的足迹。如果这些媒体资源不能再次进入传播和流动空间，那真的是一种极大的浪费。

三、电视媒体资源再传播的理论基础与社会价值

利用短视频进行电视媒体资源的再传播，或者将电视媒体资源做成新的节目，并不是突发奇想，而是基于当下的社会环境和人们的情感结构自然产生的一种选择。

1. 加速社会与怀旧的价值

德国学者哈特穆特·罗萨认为，当今社会最大的特征就是"加速"。这是由于三个方面的加速而导致的：第一个方面是科技的加速，从运输革命、传播输送，完全改变了社会的"时空体制"，改变了社会生活的空间和时间的知觉与组织。在互联网时代，时间被压缩了，空间感日渐

---

① 刘育英. 中国网民超9亿 7.26亿都用手机看新闻[EB/OL].（2020-04-28）[2021-06-20]. https://m.gmw.cn/baijia/2020-04-28/1301187748.html.

消失。这直接导致了第二个方面的加速，即社会变迁的加速——社会事物、社会结构，以及行动模式和行动方针越来越不稳定、越来越短暂易逝，从而造成了"当下时态的萎缩"。与之相伴随的就是第三个方面的加速，即社会生活步调的加速——在一定时间单位中行动事件量或体验事件量的增加，或者说，因为想要或觉得必须在更少的时间内做更多的事。①

由于社会的加速发展，人们所经历的时间很快就会变得久远，刚刚过去了几年，就像经历了几个时代。这必然会导致一种全社会的"怀旧风潮"。这里所说的"怀旧"，并非全然是一个消极的概念。它不仅仅是对历史的简单唤起和伤怀，而是"深深牵涉到对我们是谁、我们要干什么，以及我们要去哪里的认识"②。简而言之，怀旧是主体身份不断建构的过程，即通过回望过去，确认自己的来路，从而定位当下的状态及将来的方向。事实上，怀旧并不只是一种"回到过去"的时间意识，怀旧是一种时空综合体，它既有时间意义上的"恋旧"，又有空间意义上的"思乡"。③ 一个社会或国家发展速度越快，人们就会越愿意通过怀旧的方式来审视自己、认识自己，从而找到实现自己美好生活的目标。

就以我们国家来说，改革开放40多年，是我国经济社会和文化急遽变迁的40多年，因此人们更愿意通过向重要历史时刻的周年"献礼"，重温走过的岁月和道路，从而确认自己的主体身份、幸福感和获得感。但是，由于个体的记忆往往容易淡忘或消失，那么借助影像媒介来唤起那些尘封在记忆深处的经验、体验和经历，就是一件非常有意义的事情。在几十年前，普通百姓还不能像现在这样拥有拍摄活动影像的设备和手段，因此能够纪录那些年代的影像大部分掌握在电视媒体手中，这些资源应该被视为一种时代纪录的公共资源，理应向全社会开放，借助移动视频手段再

---

① 哈特穆特·罗萨. 新异化的诞生：社会加速批判理论大纲［M］. 郑作彧，译. 上海：上海人民出版社，2018：13-21.
② 张英进. 影像中国：当代中国电影的批评重构及跨国想象［M］. 胡静，译. 上海：上海三联出版社，2008：323.
③ 赵衡宇. 怀旧视角下老城旧街的复兴及其价值认同：以武昌昙华林街区的"慢更新"为例［J］. 城市问题，2015（9）：18.

次进行传播。

2. 文化记忆与地方认同

那么，这些电视媒体资源除了可以帮助人们来怀旧之外，还有什么社会价值呢？这需要从文化记忆和地方认同的角度来思考。一个人需要对自己所生活的地方建立情感认同，才能真正融入这个地方。德国学者阿莱达·阿斯曼认为，人的记忆可以通过多种途径获得，如学习记忆、修养记忆、经验记忆、交际记忆和文化记忆等。人的经验记忆、交际记忆会随着记忆主体的身体衰老、记忆力的下降而衰退，因此对于文化记忆的需要就凸显出来，而文化记忆的重要载体就是媒介。"媒介作为物质的支撑对文化记忆起到基本的扶持作用，并与人的记忆互动。"① 因此，媒介是重要的文化记忆载体。如果能让尘封在档案库里的媒体资源重新进入传播空间，就是将声音、图像的符号激活，这些符号就是当时社会生活的标志，人们可以借由观看这些影像和声音，重建对于一个地方、一个城市的生动回忆，这带有很强的集体性质，是一种共同回忆，而这种共同回忆"成为建立个人和集体身份认同的一个关键组成部分"②。

地方对于主体来说承载和寄寓着丰富的地方依附、地方认同、地方归属和"恋地情结"等感觉。"城市空间可以说是个人情感的投影，它不但有文化符号的意义，更有感觉，即人本主义地理学所强调的'地方感'。"③ 这些"地方"的出现加强了居民的归属感与城市认同，这就自然而然地产生了城市记忆。怀旧之情瞬间涌上心头，甚至一些记忆中模糊的人或者事情，都可能通过媒体资源的再利用而找到它原本的归宿。

城市对市民的吸引力、凝聚力和感召力，是关系到城市的人力资源竞争力和城市软环境优化的重要因素，其主要表现之一是市民的城

---

① 阿莱达·阿斯曼. 回忆空间：文化记忆的形式和变迁 [M]. 潘璐, 译. 北京：北京大学出版社, 2016：12.
② 阿莱达·阿斯曼. 回忆空间：文化记忆的形式和变迁 [M]. 潘璐, 译. 北京：北京大学出版社, 2016：7.
③ 李凡, 朱竑, 黄维. 从地理学视角看城市历史文化景观集体记忆的研究 [J]. 人文地理, 2010 (4)：63.

市认同感的形塑和强化。城市认同是城市成员对于自己城市归属的认知和感情的依附。随着城市化的不断深入和大众媒介的发展，能不能在新的多元环境下形成新的城市认同，进而形成新的具有包容性的城市文化，对于城市的持续发展至关重要。一方面，城市认同或者城市融合可以被视作一种生产力，它能够形成持久的社会合力，提供城市发展的持续动力；另一方面，城市认同是城市的稳定器，所有居住在城市的居民皆对城市的认同形成归属感，这是确保城市安全、稳定的社会环境的关键因素。①

3. 城市形象与城市意象

电视媒体资源的再开发和再传播，是通过已有的图像建立城市形象与城市意象的重要手段。美国城市学者凯文·林奇曾提出：人们对城市的理解并不是固定不变的，而是与其他一些相关事物混杂在一起形成的部分的、片面的印象。在城市中每一个感官都会产生反应，综合之后就会成为印象。② 一个城市的形象与意象并不只是产生于其外在的"可读性"，即城市景观表面的清晰性，如街区、标志物或道路的辨识度，还产生于城市景观作为一个巨大的记忆系统为人们提供共同的文化回忆。然而，随着我国的城市化进程和城市改造更新的速度加快，许多城市原有的物质载体在不断地变化或消失，取而代之的是一些新的建筑或街区。但是，那些消失的建筑或街区，并不是毫无价值的，它们也曾是人们的生活空间，承载了生活在那里的人们的经验和情感，寄托了人们对于城市的感知、态度和价值观。这种人与地之间的情感纽带，就是段义孚所说的"恋地情结"，而人们对于一个地方的热爱正是爱国主义的重要根源。③

从发展经济和开展旅游的角度来讲，历史影像和声音的再传播，也是促进城市形象深入人心和对外传播的重要方式。段义孚认为，游客到一个城市旅游，他所拍到的照片只能作为他自己来过此地的证明，并不意味着

---

① 滕朋. 农民工的城市认同与大众传播 [J]. 中国广播电视学刊，2009 (12): 22.
② 凯文·林奇. 城市意象 [M]. 方宜萍，何晓军，译. 2 版. 北京: 华夏出版社，2017: 1.
③ 段义孚. 恋地情结 [M]. 志丞，刘苏，译. 北京: 商务印书馆，2018: 148.

他会真正热爱这个地方。但是,"如果一个游客能把人类历史的记忆和他自己对景观的欣赏联系起来,那么这种审美就会变得更具个体性和持久性"①。在自拍、打卡和短视频传播蔚然成风的今天,城市要成为"网红打卡地",除了要具有特殊的外在形象之外,还必须要有历史故事的加持和城市媒介记忆的支撑。

对于年轻一代来说,城市的媒介影像记忆,也是塑造他们对于城市"地方感"的重要途径。一些年轻人表示,经常听到老一辈人说,"别看这里现在马路宽阔、高楼耸立,往前推十几年这里可都是农田"。虽然仅靠这些说法,他们并不能感同身受或身临其境,但是当一幕幕的影像资料播放出来时,那些过去的影像所承载的城市面貌仿佛一下子扑面而来,视觉和听觉的冲击力会引发内心强烈的震撼。一座只有高楼大厦的城市无疑是乏味的,而一条保留着岁月痕迹的老街却能给少小离家的游子带来回家的感觉,给风尘仆仆的游人带来浓厚的游兴。

2019年春节前夕,习近平总书记在北京老城前门东区看望慰问基层干部群众时曾说,文化保护要"让城市留住记忆,让人们记住乡愁"。② 一个城市的记忆,不只是古旧老街或文物景点,电视媒体的音像资料也是重要的记忆载体。城市的文化与历史并不应该只是储存在博物馆的玻璃柜中,还应该以一种全新的方式通过网络传播进入人们眼帘。媒体资源是历史,也是情感的融合。媒体资源数字化的运用与网络传播的加持,使城市记忆、音像记忆获得各种更为长久的保存和更为广泛的传播。媒体资源作为历史的见证者与网络媒体充分融合,通过对城市记忆与城市"地方感"的作用,加强了人们对地方的认同感和对城市的归属感。这是电视媒体资源发挥其更大价值的新型价值空间。所有的地方电视媒体机构都应该更新媒体资源管理观念,加大媒体资源再利用和再开发的力度,实现电视媒体资源的价值重塑。

---

① 段义孚. 恋地情结[M]. 志丞,刘苏,译. 北京:商务印书馆,2018:140.
② 金佳绪. 让城市留住记忆,让人们记住乡愁[EB/OL]. (2019-12-25)[2021-06-20]. https://politics.gmw.cn/2019-12/25/content_33429786.htm.

第三节　家庭影像：情感的表达与纪念

许多人认为，拍摄短视频的唯一目的就是成为"网红"。这样一种功利性认识，把判断短视频的价值局限在商业盈利领域，认为粉丝多、点赞量大、带货多、变现多，才是短视频创作的目的和归宿，这极大地低估了短视频在商业利益之外的其他方面的重要价值，特别是短视频艺术在传递情感、凝结家庭记忆、营造生活幸福感方面的独特价值。

除了以谋取商业利益为宗旨的短视频之外，在各个短视频平台上还聚集着大量的以"记录美好生活"为宗旨的短视频艺术。其中，记录恋人、伴侣、亲朋好友相聚或结伴旅行的短视频艺术，以海量的方式在家庭群、亲友群、同学群、同乡群等中间广泛传播。这些短视频艺术往往被那些只专注于短视频盈利模式或经营策略的研究所忽略。本节将对此进行深入的讨论。

西方学者很早就研究过将家庭照片作为一种情感载体和文化策略的情况。英国人文地理学者罗克斯比于 2012 年在一系列关于家庭照片的研究中发现，家庭照片作为重要的情感载体，不仅可以记录家庭的重要时刻，房屋中的摆设展示还可以强化家庭感，将房屋转变为"家空间"。对于家庭照片的携带、传播、分享和交换是身处不同区域的家庭成员维系家庭网络和增强凝聚感的重要文化策略。[①] 德国学者克里斯托夫·武尔夫认为，家庭中的仪式具有形成家庭的归属感、信任感和集体感的重要功能。"仪式不仅构建这亲密的家族群体；同时也创造了关系紧密的想象共同体。"[②]

当然，克里斯托夫·武尔夫所说的"仪式"还只是指现实生活中的一些重要的仪式行为，如婚礼、葬礼等，以及一些重要的节日，也包括一些

[①] 王敏，江荣灏，朱竑. 新文化地理学中的非表征与再物质化研究进展 [J]. 地理科学进展，2019（2）：155.

[②] 克里斯托夫·武尔夫. 人的图像：想象、表演与文化 [M]. 陈红燕，译. 上海：华东师范大学出版社，2018：278.

日常生活仪式，如共同用餐、集体出游、购物和共同观看电视节目等，"在家庭这个舞台上，仪式在不断地发生着。这些仪式组织安排着家庭的传统与模式、家庭成员间的互动，并将其一一上演；组织安排着家庭集体所共同分享的符号性知识，并且加强了家庭秩序的自我表达和再生产。家庭仪式也是一种社会性实践活动，它对家庭风格和家庭成员身份的形成起着中心作用"①。

短视频在日常生活中的应用，已经让拍摄短视频成为家庭仪式中的重要组成部分。例如，家人们在聚会时，会拿出手机拍摄美食，也会留下聚餐的合影，这些在日常生活中已经司空见惯。又如，在拍摄照片的同时，人们会先用手机拍摄一些短小的视频，然后通过手机上的短视频剪辑软件，添加一段音乐，打上几行字幕，或者进行一些简单的加工处理，如添加慢放、快放、光影变幻、色彩调校等特效，制成一个关于家庭仪式的短视频作品。类似这样的日常生活短视频的制作和观看，可以说每时每刻都在发生，并出现在每个家庭、每个人的手机屏幕上。

短视频影像介入家庭仪式的方式主要包括两个方面：一是拍摄、制作和回看本身，成为家庭仪式新的内容构成；二是短视频影像成为家庭生活中情感表达和纪念的重要方式。

一、作为家庭仪式新内容的短视频

在数字影像媒介出现以前，这种活动影像介入家庭生活的事情是不多见的，具体主要有以下两个原因。

第一，活动影像拍摄工具并非每个家庭都能拥有。虽然家用录像机很早就出现了，但在那个年代对于一般家庭来说还比较昂贵，并非每个家庭都能够买得起；带录像功能的照相机或数码摄像机也是在数字时代来临之后，才慢慢地进入寻常百姓家的。因此，在数字影像出现之前，一般的家庭仪式中，是没有活动影像的介入的，最多是用胶卷照相机拍摄一些照

---

① 克里斯托夫·武尔夫. 人的图像：想象、表演与文化［M］. 陈红燕，译. 上海：华东师范大学出版社，2018：279.

片。一些重要的家庭仪式，如婚礼、葬礼等活动，其活动影像都需要请相对专业的人员来进行拍摄，家庭成员的自我拍摄和记录生活的情况并不多见。

第二，从观看的角度来看，在数字影像出现之前，观看录像带还需要购买家用录像机这样专门的播放设备，这些播放设备还必须接在电视机上才能使用。因为人们不仅要在播放设备之间进行接线，还要使用录像机和切换电视信号源，这些对于一些普通家庭来说有着不小的难度。这种观看上的难度，也是活动影像未能进入家庭生活的重要原因之一。如今，随着数字影像工具和手机逐渐合为一体，活动影像的拍摄和观看都变得轻而易举，从而也让活动影像的拍摄、制作和观看进入寻常百姓的生活之中。

二、作为家庭成员情感表达和纪念载体的短视频

那么，短视频艺术作为家庭仪式的一部分又意味着什么呢？

第一，拍摄行为本身让家庭生活更具有仪式感。正如克里斯托夫·武尔夫所说，家庭中的各种聚集、欢庆本身是一种仪式。如果这些家庭聚会能够全程伴随着拍摄活动，那么意味着家庭成员在家庭场域中的角色扮演，将会获得"双重表演"的内涵，也就是说，会在欧文·戈夫曼戏剧理论中的"表演"之外，再增加一项面向他人或历史的"表演"。欧文·戈夫曼所说的"表演"，指的是现实实体空间中与在场的他人的角色互动。例如，父母要扮演好关爱子女的角色；子女要扮演好孝顺父母的角色；在一个家庭聚会中，每个家庭成员则要扮演好兄弟姊妹、叔舅姑姨、侄甥晚辈等各自的角色。这是一种现场的社会表演。但是如果有了拍摄行为的介入，那么每个人都会意识到自己的表演将会被记录甚至被传播，那么他们会在现场的"表演"之外，再增加一种面向他人（其他亲朋好友或陌生人）的"表演"。更重要的是，这种拍摄行为将会使当下的聚会成为一种历史性的时刻，每个人的"表演"将会作为历史留存在将来的观看中，这自然会增加一种聚集性的历史感体验，也自然会让这种家庭聚会的仪式感得到放大和增强。

第二，拍摄行为的介入让家庭仪式受到更多的重视。一是家庭成员会

做更多的准备工作,让仪式感变得更加强烈,例如,家庭成员会认真打扮自己,准备好与聚会相关的服装、道具(生日蛋糕、礼物之类),从而让家庭仪式感更加浓厚和丰富;二是家庭成员还有可能会准备一些艺术性的表演,如念首诗、唱首歌、跳个舞等,特别是小孩子们会非常喜欢这样的表演,这就需要精心准备和排演,从而让家庭仪式成为一种艺术色彩浓厚的娱乐活动。

第三,短视频拍摄增添了新的生活情趣和情感色彩。照片虽然也可以记录家庭生活的细节,但是照片只是记录过去,观看者只能看着照片回忆过去的记忆瞬间,但是无法让过去的时光"复活"。但是活动影像则不然,活动影像只要一经播放,伴随着人物动作和现场声音,观看者立马会被带入当时的情景中,仿佛过去的时光立刻"复活"了一样。用雷吉斯·德布雷的话来说,就是短视频让我们"从技术上克服了流淌时光的不可逆转性。此后,昨天,也可以是今天和明天"①。而照片,只能意味着昨天,无法成为今天和明天。因此,短视频带给观看者的感受,是照片所不能给予的。

第四,短视频拍摄让日常生活审美化。由于短视频的影像活动从本质上讲是一种艺术活动,因此短视频的拍摄可以让日常生活"审美化"。所谓"审美化",就是让人们对自己的日常生活能有一种跳脱的视角,并从这个视角来审视自己的形象、话语和生活,这些自我的形象、话语和生活,由于镜头镜像的介入,成为从"他者"视角来审视自己的契机。这种自我"审美化",正是自我肯定和自我认同的重要机制。一个人是这样,一个家庭或家族也是如此。

第五,短视频影像观看是家庭情感积累的媒介。短视频拍摄活动可以让自己和家人成为娱乐性观看活动的对象,这在数字新媒介影像出现之前是不可想象的。以前,人们的娱乐性观看活动,往往局限于看电影、看电视及在计算机网络上观看。在这些观看行为中,被观看的对象往往是别人

---

① 雷吉斯·德布雷. 图像的生与死:西方观图史[M]. 黄迅余,黄建华,译. 上海:华东师范大学出版社,2014:309.

制作的影视剧或综艺娱乐节目,而这些影视剧或综艺娱乐节目中的人都是别人,如演员、歌星或者其他被拍摄的人,唯独没有观看者自己。一言以蔽之,被影视呈现出来的面孔大多是名人的面孔或者事件当事人的面孔。正如雷吉斯·德布雷所说,传统影视的视像"把镜头对准了那些最有头有脸的人,以此确认那些本来就当权的人的权势"①。因此,"在所有的公共场合(餐馆、剧院、飞机等)某张在什么地方见过的面孔当然优先于某种从未见过的面孔"②。但这样一来就意味着,绝大多数的普通人只要没有被卷入某个新闻事件中,则几乎没有在媒介中被呈现的可能。电视"展示某件事或某个人,便是使其存在。但确认的反面,便是对于不展示的人使其在社会上消失"③。

而短视频等新媒介影像的出现,一举打破了这种格局,每个人都获得了在媒介中出场的机会,甚至成为影像中的常客。在每一个家庭仪式中,人们不仅出现在现场,也会被保存在影像中。家庭成员通过观看短视频影像,既审视自己,又凝视家人。在日常生活中,人们对于家人的凝视一般是不常发生的,但是由于影像拍摄的介入,会让家庭成员在聚会结束后,通过观看家庭微信群或者短视频平台上的短视频影像,反复审视或凝视自己的家人;欣赏或取笑他(她)当时的表现;从影像记录的只言片语中,回味当时的情景及对话的内容;重温聚会时的欢声笑语或者有趣的动作等,从而在反复观看中获得一种反复确认和不断积累的情感回味。

---

① 雷吉斯·德布雷. 图像的生与死:西方观图史[M]. 黄迅余,黄建华,译. 上海:华东师范大学出版社,2014:283.
② 雷吉斯·德布雷. 图像的生与死:西方观图史[M]. 黄迅余,黄建华,译. 上海:华东师范大学出版社,2014:302.
③ 雷吉斯·德布雷. 图像的生与死:西方观图史[M]. 黄迅余,黄建华,译. 上海:华东师范大学出版社,2014:313.

第八章

短视频艺术的
生产方式

按照马克思的定义,生产方式是指人们进行生产活动的方式。生产方式包括两个方面,即生产力和生产关系。短视频艺术作为一种精神文化,其生产方式同样包含着生产力和生产关系。生产力当然是指数字技术、网络技术和影像技术融合发展所造就的短视频拍摄、剪辑和观看的技术环境和生活方式,而生产关系则是指围绕着短视频艺术的生产所产生的社会交往、组织合作及产业发展。

第一节 个体:我拍故我在

一个显而易见的事实是,短视频艺术的创作主体是社会中每个普通的个体。正是这数万个创作者的辛勤劳动,构成了短视频艺术作品的海洋。

一些人认为,拍摄短视频的终极目的就是成为"网红",如果不想成为"网红",或者没有成为"网红",拍摄短视频似乎就是一种无意义的行为。这是对短视频艺术生产的一种视野狭窄的过于功利化的认知。对数以万计的短视频创作者来说,成为"网红"的概率并不算高,其努力过程也是异常艰辛的。这不仅需要持久的生产力,也需要找准自己的市场定位、受众定位及风格定位等,甚至需要借助专业的 MCN 机构来进行合作。那么,对于那些成不了"网红"、人数众多的普通拍摄者来说,拍摄短视频的意义又是什么呢?

一、记录和传播是短视频艺术创作者的基本动机

我们可以从短视频艺术所具有的两种属性来进行理解:一种是记录,另一种是传播。换句话说,这是人们拍摄短视频的两个基本动机。当然,这其中还有一个重要的基本前提,那就是拍摄行为的"易发生性"——由于手机或者其他拍摄器材的轻便易携带,人们可以随时随地进行短视频的拍摄和创作:看到一朵花开了,他(她)要拍一下;看到天很蓝、云朵很美,他(她)要拍一下;看到小猫小狗的可爱动作,他(她)要拍一下;参加一次聚餐,为了留住美好瞬间,他(她)要拍一下;在家中做了一道美食,他

（她）要拍一下；出去打了一场球，他（她）要拍一下；在旅行途中，见到任何新鲜的事物，他（她）都要拍下来……对于许多个体来说，生活中任何一个美好的场景、动人的瞬间，都具有记录和拍摄的价值。

短视频拍摄完成后，创作者可以配上一段音乐，或者说上几句话，打上几行字，就可以轻松地将短视频上传到网络上，进入媒介的传播空间，或者通过私信或微信群的方式与亲朋好友一同欣赏。借助传播，短视频可以引导人们展开社会交往，也可以参与社会政治、经济和文化的互动过程之中。

无论是记录和传输，人们的行为都与其生命存在和被爱的需要密切相关，这是人们实现自我肯定、自我认知和体验自我存在感的重要方式。关于这一点，约翰·杜翰姆·彼得斯在许多年前就曾有过很好的论述。

约翰·杜翰姆·彼得斯曾指出，人类的爱情始终面临着距离和死亡两大问题："距离和死亡始终是爱情的两大障碍，也是催生欲望的两大刺激因素。巨大的障碍激发巨大的激情。"因此，"人类梦想着能够超越自然记忆去更加实在地记录下自己的经验，也梦想着能使这种记录跨越时空"。[①]于是，人类不遗余力地相继发明了许多种具有记录和传输这两种功能的媒介："记录性媒介"和"传输性媒介"。约翰·杜翰姆·彼得斯从英文中的两个词语的构词成分中，找到了佐证，这就是 tele-（远距离）和-graph（书写/记录）。媒介的记录和传输属性都可以从这两个词根上看出来。

tele-表示新的距离尺度——因此 telegraph 就表示"远距离传输词语"；telephone 表示"远距离传输声音"；television 表示"远距离传输影像"；telepathy 表示"远距离传输精神"，即"传心术"。

-graph 则用来表示新的记录形式，因此 telegraph 表示"用无线电记录"；photograph 表示"用光记录"；phonograph 表示"用声音记录"；electroencephalograph 则表示"用脑电波记录"。[②]

[①] 约翰·杜翰姆·彼得斯. 对空言说：传播的观念史［M］. 邓建国，译. 上海：上海译文出版社，2017：201.

[②] 约翰·杜翰姆·彼得斯. 对空言说：传播的观念史［M］. 邓建国，译. 上海：上海译文出版社，2017：202.

约翰·杜翰姆·彼得斯认为，19世纪经历了一场压缩空间（space-binding）和压缩时间（time-binding）的革命，媒介可以分为压缩空间和压缩时间的媒介。这一观点与哈罗德·英尼斯关于媒介具有空间偏向和时间偏向的观点不谋而合。

压缩时间意味着，记忆可以从"人体的囚笼"中解放出来，记忆能力再也不用和有限的生命捆绑在一起，失去的时间可以重新捕获；新兴媒介更是让时间的流逝被转录为影像和声音，从而保留了人们的幻象，将永生的边界从人们所能记住的死者范围扩大到媒介所能记录和传输的死者范围。凭借影像和声音记录，千变万化的面部表情、声音和体态被保存下来。

压缩空间意味着，人们对"跨越距离而同步"的梦想依次凭借着电报、电话、广播和传真先后在文字、语言、声音和图像上得以实现，人与人之间的瞬间远距离接触，第一次不再受限于其耳目所及的范围；而且还意味着各种体现人类个性的信号可以不再像从前那样必须与人绑定在一起，从而让另一个平行的宇宙或时空出现了。

居住在这个平行宇宙里的是人的各种复制品，它们遵循的规律和我们这些血肉之躯所遵循的规律迥然不同……我们的身体会疲劳，承受力有限，然而我们的形象一旦被记录下来，就可以通过媒介系统跨越空间和时间的荒漠，得以无线流通……这些新媒介——电报、电话和广播——都能够创造出各种替身，这正是媒介的运作模式；有时，这些替身会跟我们作对。在远距离传播中，人的复制品成为我们的代理，为我们服务。①

约翰·杜翰姆·彼得斯借用弗雷德里克·迈尔斯的话来说，这是媒介创造的一种"生者幻象"。它让一个人"部分到场"和"不亲自到场"成为可能，让人能够脱离肉身而"显身"；也让人能够摆脱肉体而进行交流，甚至当人的肉体死亡时，死者能够"音容宛在"。

当然，约翰·杜翰姆·彼得斯认为将记录和传输加以区分是出于写文

---

① 约翰·杜翰姆·彼得斯. 对空言说：传播的观念史［M］. 邓建国，译. 上海：上海译文出版社，2017：205.

章的需要，实际上二者是相辅相成的概念，因为一个信号若要传输，必须先记录下来。一旦记录下来，任何东西都可以传输给陌生人的眼睛和耳朵。

短视频时代的来临，让影像与声音的记录和传输变得易如反掌，且人人可为。这是一件具有划时代意义的事情。如果你要问，那些没有成为"网红"却仍在拍摄短视频的人到底是出于何种目的在坚持这种拍摄行为？那就是为了记录和传输。记录是为了留住自己生活中的美好时刻，传输是为了与人分享，展开自己的社会交往。这一切都是为了证明自己在这个世上曾经存在过，也为了证明自己曾经幸福地生活过。

二、记录和传输赋予短视频艺术创作者新的生命体验

人们让自己的生命体验变得美好的重要方式是旅游，也就是离开自己熟悉的地方，到别人熟悉地方去。若干年以前，旅游通常伴随着拍照的行为，而短视频的出现让旅行者不仅可以拍摄照片，还可以拍摄视频影像、记录声音。最关键的是，它可以传播到网络空间中与人分享，供人观看，并作为一个复制品的替身，继续为人的生命存在进行记录而存在。因此，这在一定程度上改变了旅游原有的味道，具有了某种新的意义。这其中最典型的改变，就是旅游中多了一种全新的旅游方式——打卡。

孙玮曾以自拍和打卡作为考察对象，探讨了打卡式旅游的特点：打卡区别于一般旅游，它不仅仅在于个体的经历与体验，更有另一层特别意义——刷存在感，即创造现身于新媒体平台与他人共处于某个环境中的感受。网络心理学奠基人约翰·苏勒尔指出，存在感最核心的感觉是此时此地，包括两个基本问题：我在这儿；其他人在这儿。①

旅游从个人体验变成了刷存在感的方式，最主要的原因就是拍摄和传播的介入。因为拍摄，体验的时空被记录下来；因为传播，一个人的体验变成邀请其他人见证自己体验的交流。即使他人没有留下评论，也在其心

---

① 孙玮. 我拍故我在 我们打卡故城市在——短视频：赛博城市的大众影像实践［J］. 国际新闻界，2020（6）：13.

底里通过观看而认知了别人的体验,感受时代生活的脉搏。通过传播,一个人的旅游体验会唤起更多的效仿行动,从而让自己曾经有过体验的地方成为热点。这就是通过打卡可以让一座城市成为"网红城市"的重要原因。

打卡式拍摄往往会采用自拍的方式,这种拍摄方式意味着拍摄者的身体不但处于目标位置——某一座城市,还直接出现在影像中,拍摄者将自己作为拍摄对象,如艾美利亚·琼斯所言,这"显示了一种自相矛盾,为了证明自我作为主体的存在,而使其客体化"①。这种拍摄方式意味着"短视频城市影像的自拍则突显了拍摄者个人,这不但指观看视角,也包括个体的肉身形象以及个人身体的移动印迹。大众媒介的城市影像,刻意地将拍摄对象城市客体化,主客体的间离效果十分明显;而短视频自拍的城市影像,则呈现了人与城市的极致交融"②。自拍呈现的是自我的身体、身体的移动轨迹及其与城市的融合景象,这种新型视觉影像实践正在改变人类感知自我、感知世界的方式。

三、短视频艺术作为一种文化资本的赋予形式

短视频艺术的媒介与传播特性,必然将其置于一种关系性的结构中。也就是说,通过传播,短视频艺术会在一种新的社会结构中寻找自己的位置。这个新的社会结构指的是由数字化、移动化新媒介构成的一种观看习惯和观看方式,因为这种观看方式的改变,让短视频平台成为一个注意力资源的聚集地,原来电视的观众和微博、微信等新媒介的使用者纷纷转向这个新的聚集地,从而为创作者成为新型"网红"提供了充分的技术环境和社会关系。换句话说,短视频创作者成为"网红"是一个渐进的过程,是技术环境、平台经营策略、创作者技术水平和观看者人数等多种因素相互作用的结果。

---

① 孙玮. 我拍故我在 我们打卡故城市在——短视频:赛博城市的大众影像实践[J]. 国际新闻界,2020(6):15.

② 孙玮. 我拍故我在 我们打卡故城市在——短视频:赛博城市的大众影像实践[J]. 国际新闻界,2020(6):15.

短视频平台的"网红",本质上是将自己的影像作为身体的"复制品"去为自己服务的。由于影像拍摄和传播的介入,人们的身体有了"复制品",进入另一个平行时空中,并以"替身"的方式,作为代理为人们服务。那么,这些短视频影像所拍到的"复制品""替身"能够代理人们进行什么服务呢?一个最直接的表现是,这些短视频影像可以代替人们的真身在网络空间中进行传播,从而为拍摄者带来实实在在的文化资本和经济利益。

所谓文化资本,是法国社会学家布尔迪厄提出的一个基本概念,他在马克思资本内涵的基础上赋予了其更多的内容,将资本分为三种类型,即经济资本、文化资本和社会资本。他认为资本与权力具有关联性,不同资本形式之间具有可转换性。文化资本可以转换成社会资本,经济资本可以转换成文化资本和社会资本。其中,文化资本又可以划分为三种亚类型:身体性形态、客观性形态和体制性形态。身体性形态的文化资本,是指通过学校教育和家庭环境的熏陶,在主体身体内留存的教育、知识、品位、技能等精神性的文化产物。客观性形态的文化资本,是指一种精神成果的物化形态,主要是以文化商品的形式存在,如图书、工具等。体制性形态的文化资本,是指一种以体制化状态为形式的文化资本,如颁发资格证书或文凭,这是处于体制化状态时,一个人文化资本最直观、最权威的体现。①

用布尔迪厄的理论来关照短视频艺术,可以发现短视频艺术是建构文化资本的一个重要途径。短视频艺术虽然不像图书那样是具有物质性的文化商品形式,但它是一种象征性形式。所谓象征性形式,在詹姆斯·罗尔看来,"主要是指通过印刷、照片、电影、视听或数码等技术复制和传递的人类交际的内容"②。短视频艺术可以记录精神成果,也可以进行广泛传播,它应该算是不折不扣的文化商品形式。如前文所述,短视频创作者通

---

① 黄俊,李超. 布尔迪厄文化再生产理论导论 [M]. 北京:社会科学文献出版社,2019:62-70.

② 詹姆斯·罗尔. 媒介、传播、文化:一个全球性的途径 [M]. 董洪川,译. 北京:商务印书馆,2012:186.

过短视频来分享和谈论一些基本的生活技艺或知识技能，如化妆技术、美食制作、音乐演奏、健美健身、旅游见闻……其中，包含着创作者自己的爱好和擅长的部分。作为普通人，他们拥有的这些东西，可能很少有机会在传统电影或电视上得到展演或传播，但是在短视频中他们轻而易举地实现了；甚至还可以通过这种展演或传播，建立起与众多粉丝之间的朋友关系，这些都是他们通过短视频这种象征性形式建立起来的"象征性社会资源"。

象征性形式是通过聚集观众注意力的方式来建构自己的资源和影响力的。短视频平台的观看者虽然不用付费，但是他们付出的观看时间、观看选择和观看取向，是短视频平台的重要资源。在大数据和算法技术的支持下，一个人在观看短视频的时间点、时间长度，停留着某类视频上的时间长短，有没有完整观看或者重复观看某个视频，都可以作为一种重要资源，被大数据和算法记录。算法机制会利用这些资源有针对性地为观看者推送某类短视频或排除某类短视频，更重要的是平台会利用这些大数据来对创作者出示各种指标，如受欢迎程度、转发量、粉丝黏性、变现能力、带货能力等。

将影像作为身体代理去谋取文化资本，给人们带来了一种身体上的"解放"。以女性为例，在传统社会中，女性利用自己的身体去谋取声望或利益往往需要肉身亲自到场，然而短视频和网络直播的出现，让女性不必非要现身于实体空间。女性的容貌和身体被拍摄成数字影像之后，这些女性的容貌和身体影像，就脱离了女性的身体，成为一种可以无限复制的"影像面具"或"赛博面具"，成为她们本人的替身，出现在网络空间和各种短视频平台上。这种由影像媒介的介入而导致的女性被观看的现象，使女性获得了比现实空间中的自己被观看更多的安全感——她清楚地知道，无论在朋友圈、短视频或视频直播中，人们观看的只是自己的影像，而不是她本人。即使她知道自己的容貌和身体正在被无数人"消费"，但那不是对自己的容貌和身体本身的消费，而是对自己的容貌和身体影像的消费。但更重要的不同在于，女性看到的是自己的影像在媒介中被观看的现象。这意味着，女性可以操控和选择将什么样的自我影像呈现在别人面前，也就是在某种意义上，女性可以操控别人对于自己的观看方式。正如约翰·伯格所说的那样,"每个影像都具现了一种观看方式"①,那么,掌握了拍摄和传播自我影像的女性,其实就在一定程度上掌握了操控别人如何观看自己的主动权。这种主动权的获得,在某种意义上也是操控者本人媒介使用能力的体现,她为自己拥有这样时尚的媒介素养而骄傲,这也成为她自我建构和自我认同的重要方面。

运用这些不同类型的数字影像媒介所形成的象征性形式,女性获得了自己的象征性文化资本。她们会被称为"网红"或"主播",这些名称与先前的"网络红人"或"电视主播"的名望或地位相勾连,带有一种"成名的想象"意味;同时,她们拥有的粉丝数和直播中的礼物获赠数和点赞数,甚至那些实实在在的物质利益,又是她们对自己拥有象征性权力和资源的一种现实肯定和确认。

除了给自己带来文化资本和经济收益之外,女性"网红"在推动商业运营发展方面也有着重要的贡献,比起传统电商时代的"搜索型购物"模式,短视频带来的是一种新型网络购物模式——"兴趣购物"。所谓"兴趣购物",是指观看者原本并没有打算购物,只是刷到了短视频创作者植入在视频中的商品推荐,发现其所推荐的东西自己十分感兴趣,于是当机立断下单购买。这种购物模式激发的是购买者的潜在需求,引发的是感性消费。而"搜索购物"满足的是购买者的刚性需求,引发的是理性消费。二者有着巨大的不同。后者是以货物为核心的运营策略,而前者则是一种以人为核心的组织运营策略。由于是感性消费和冲动购买,利润也比理性消费的利润要高一些。从本质上讲,理性消费是通过搜索货物而进行的消费,电商做的是存量市场;而感性消费则是受兴趣的引导而进行的消费,电商做的是增量市场,它是由于人的多样性而激发其对于货物的多样性的需求。

综上所述,短视频创作者在生产过程中记录的是自己的生命历程,在传播中体验的是自己的存在感和新的生命体验,获得的是象征性文化资本,同时也是自我价值的实现。从这个意义上讲,短视频艺术让创作者实现了"我拍故我在"。

---

① 约翰·伯格. 观看的方式 [M]. 吴莉君, 译. 台北: 麦田, 城邦文化出版, 2005: 13.

第二节 MCN：职业化商业生产

短视频艺术的另外一个重要的生产方式就是 MCN 模式，这是一种商业化的公司式运作机制。其创作以营利为目的，为了营利而千方百计地创作受欢迎的短视频内容，这是 MCN 的基本逻辑。这一点与许多个体创作者只为审美或情感表达的动机有所不同，它是一种商业性的职业化生产。

一、MCN 的由来

MCN 最早产生于美国，由 YouTube 网站主导而产生，其运营模式是 YouTube 以广告分成收入为主要营收来源，YouTube 作为渠道方抽取 45%广告收益，剩下 55%广告收益由 MCN 与"网红"分成。美国有代表性的 MCN 机构是创客工作室（Maker Studios），它成立于 2009 年，与"网红"分级签约，不参与内容制作，只提供技术支持、数据支持、销售支持，旗下 5.5 万个频道协作交叉推广，2014 年被华特迪士尼公司以 5 亿美元收购，2017 年 5 月被关闭。①

中国短视频 MCN 模式，是在中国独特的互联网环境下成长起来的，结合了美国短视频 MCN 模式的运行思路和经营模式。其内容类型覆盖文字、图片、视频、直播等，分发渠道包括互联网社交媒体、网络视频平台、电商导购等不同领域的众多平台。MCN 模式不仅涵盖创作者内容制作过程，同时提供多渠道分发、内容运营、粉丝管理、供应链管理、商业变现等专业支持和服务；变现模式不仅多元化，也有较强的变现能力，包括广告收益分成、电商销售分成、流量分成、知识产权（Intellectual Property，IP）衍生品销售等。目前，中国短视频 MCN 市场正处于高速增长阶段。自 2015 年以来，短视频逐渐成为互联网主要的内容形式之一，至 2019 年，短视频对 MCN 机构的大力扶植，带动整个 MCN 市场规模不

---

① 易观.2017 年中国短视频 MCN 行业发展白皮书［R/OL］.（2018-02-03）［2021-06-20］.https：//www.askci.com/news/chanye/20180203/104248117543.shtml.

断扩大，如图 8-1 所示。

如果给 MCN 下个定义的话，它可以是指"联合若干垂直领域具有影响力的互联网专业内容生产者，利用自身资源为其提供内容生产管理、内容运营、粉丝管理、商业变现等专业化服务和管理的机构"①。从这个界定可以看出，许多 MCN 机构在短视频来临之前就已经产生了，而短视频则带来了 MCN 机构更大的发展。可以说，短视频是 MCN 市场不断扩大的主要拉升力量。

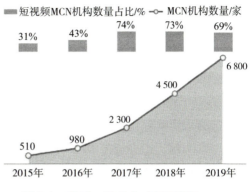

图 8-1 2015—2019 年中国互联网泛内容 MCN 市场规模

（资料来源：易观分析）

二、MCN 机构的快速崛起与激烈竞争

2018 年，自媒体生态环境与短视频行业格局发生了重大变化。4 月，随着一批低俗自媒体被永久关停，抖音、快手等平台纷纷进行内部整顿之际，错过了短视频上半场"风口"的互联网三大巨头百度、阿里巴巴、腾讯，挟裹着巨额资金杀入短视频市场。据 QuestMobile 移动大数据研究院公布的数据显示，2018 年上半年日活增速最快的短视频 AppTOP20 中，腾讯旗下的微视和百度旗下的好看视频上榜。其中微视位居榜单第二位，好看视频排在第十位。②

靠着资本快速催熟的短视频行业，在经过接连的烧钱大战之后，2017 年市场规模已达到 57.3 亿元，MCN 机构已有 1 700 家；2019 年 MCN 机构以破局之势强劲"出圈"，其数量飞速上涨，一举突破 2 万家，相较于

---

① 易观.2017 年中国短视频 MCN 行业发展白皮书［R/OL］.（2018-02-03）［2021-06-20］. https://www.askci.com/news/chanye/20180203/104248117543.shtml.

② QuestMobile 移动大数据研究院.中国移动互联网 2018 半年大报告［R/OL］.（2018-07-18）［2021-06-20］.http://www.questmobile.com.cn/research/report-new/33.

2018年翻了近4倍，远超2015—2018年MCN机构数量的总和。① 这些MCN机构的成立背景各有不同，从名人、明星等社会各界人士入局MCN机构、传统媒体打造矩阵式融媒体平台，到企业品牌成立MCN部门，等等。不同身份背景的MCN机构入局方式多样，入局的目的也各不相同。

从地域分布来看，全国MCN机构整体向南迁移，依托于南方城市成本及供应链优势的电商MCN机构迅速成长，从而带动了南方经济的进一步发展，南方城市MCN机构所占比例远超北方，广东、浙江、湖北、江苏四省一举囊括了全国近四成的MCN机构。②

2020年，在MCN机构重点营收方式布局占比中，电商变现达46%，这其中有40.2%的MCN机构在2020年布局电商直播业务。电商变现成为MCN机构2020年重点布局的营收方式，反超广告营销。对于MCN机构来说，短视频的所有生产都是围绕着营利而展开的，他们的竞争是一种商业领域的经济竞争行为。由于机构众多，因此竞争也异常激烈。虽然为了营利而竞争，但是竞争的战场缺失短视频的内容。而内容最大的特点就是要有不断的创新。在这一点上，与各大短视频平台的竞争目标相一致。因此，各大短视频平台纷纷拿出资金来扶持原创、优质的短视频，并与MCN机构展开各种紧密的合作。例如，抖音平台以丰富的内容及变现玩法，从算法推荐到短视频带货，以较高的新人友好度、大体量账号、相对成熟的商业化模式吸引了众多MCN机构与内容创作者；而快手平台则依托独特的"老铁文化"建立了用户与"网红"之间的强黏性关系，并以此助力电商直播强势发展。③

三、MCN机构的短视频生产模式

国内MCN机构既需要借鉴国外经纪公司的运营模式，又需要满足中国独特的互联网环境，它们为网络视频红人和内容创作者提供了系统化的

---

① 文化产业评论. 2020年中国MCN行业发展研究白皮书[R/OL].（2020-05-08）[2021-06-20].https://www.sohu.com/a/393892298_152615.

② 文化产业评论. 2020年中国MCN行业发展研究白皮书[R/OL].（2020-05-08）[2021-06-20].https://www.sohu.com/a/393892298_152615.

③ 文化产业评论. 2020年中国MCN行业发展研究白皮书[R/OL].（2020-05-08）[2021-06-20].https://www.sohu.com/a/393892298_152615.

管理与运营服务，如筛选"网红"、贴标签、后期制作、粉丝维护、商业对接等。它的盈利模式就是系统化包装"网红"，避免"网红"及优质内容创造者"单独作战"，以便满足短视频平台的需求，谋求商业变现。其实质就是MCN机构捧红"网红"，"网红"再将自己的收入与MCN机构分成。

1. 筛选并包装"网红"

MCN机构会优先在社交平台上，寻找那些本身已有账号且有稳定内容输出的创作者。这种在社交平台上寻求合作者，既可以看到创作者定期的内容发布数量及其拥有的粉丝的数量，又可以方便MCN机构根据数据来判断对方是否符合签约的要求。然后，MCN机构会派人去艺术类院校，寻找潜在的短视频创作者。这种方法主要是通过观察去判断被选对象是否具有"网红"气质，或者说其是否具备一定的特质。与其说是"网红"气质，不如说是"网红"的基本素养。一方面，MCN机构会通过个人的谈吐，判断对方是否会说话，能不能找到话题；另一方面，会通过对方在校的专业成绩，来判断其专业技能是否过硬，在自己所擅长的领域是否具备一定的优势。大多数情况下，MCN机构会更注重个人谈吐，因为归根结底"网红"必须得接广告，客户更倾向能说会道的创作者。成功的推销员在推销商品时不会让宝贵的时间用来冷场，因为他们必须得在有限的时间，让产品发挥出本身甚至超越本身的价值。

此外，"网红"还需要有让人印象深刻的记忆点，如外形条件好、履历丰富等。评判的主要标准是对方身上的标签能否令其持续地输出内容。这就需要MCN机构为"网红"贴上适合他们自己独特的标签，如专业学习、身体素质和获奖荣誉等，这种具有个人特色的信息被MCN机构标签化，形成独具"网红"特色的标签，也帮助"网红"和MCN机构更快地划分适合他们拍摄的短视频种类与领域。例如，抖音账号"清华护肤学长王植"，他是清华大学护肤协会的会长，其学历背景是清华大学的高才生，这毕竟是少部分群体才可以达到的独特之处，其视频类型又与护肤产品相关，深耕垂直领域，吸引大量粉丝。这种学历背景是MCN机构非常青睐的。

MCN机构培育"网红"的主要目的就是提高变现能力，所以他们选择并培养的"网红"，在本质上就是一个适合网络空间的优质"货品推销员"。因此，MCN机构推广的短视频注重的不是娱乐性或审美性，而是对货品推销利润的最大化。换句话说，什么样的短视频方便推销货品，就做什么样的短视频，这其中"种草"类短视频是各种短视频类型中营利性最高的，因为它是直接来分享货品使用体验的，所以更容易卖货变现。

2. 全员专业培训

MCN机构会量身打造出一套学习理论课程，不仅是"网红"，还包括后期制作者、公司管理层等都需要在入职前学习这套理论知识。课程包括MCN机构所做的平台，也包括今后工作中所涉及的各个环节，如商务对接、产品运营等。在这个基础上，"网红"不仅要了解自己，还要与策划一同商量短视频的内容定位，待定位确定好后，就可以讨论选题、脚本等了。

3. 多平台选择

短视频用户每天会花近1小时的时间观看短视频，而面对众多的短视频平台，他们不可能全部去观看。MCN机构如何将"网红"打造成短视频用户心仪的对象，需要根据不同短视频平台的算法机制来衡量选择的内容，并进行投放与发布。与其他短视频平台相比，抖音平台最大的优势就是其算法非常强大而精准。它的算法迭代非常快，一些MCN机构从业人员表示已经没办法预测它的流程机制。它的算法会将账号细分成非常多的标签，所以MCN机构做短视频账号的第一步就是要打造标签，如颜值类、美妆类等。算法也会非常细微地去捕捉用户的喜好，根据用户需求推送相应的短视频，比如用户会重复刷到同类型短视频。

算法在鼓励创作者生产优质短视频内容方面起到了很重要的作用，但每个平台是不一样的，比如小红书平台背后的人工审核的占比会比较高，后台编辑看到不错的内容会助推引流，这样对其他创作者而言会不太公平。如果是发展前景好，且具有一定潜力的创作者，MCN机构会根据不同平台的内容生产属性去量身定制不一样的内容。例如，微信平台推出的视频号，其社交属性非常强，这与以陌生人交流机制为主的抖音平台不一样，所以其发布的内容会更偏向社交方面，如"什么样的人才是好的朋友"之类的话题，比较容易引起大家的共鸣。

4. 流量变现

流量变现就是把流量转变为真实的现金。变现的方式主要有两种：一种是广告收益，如将某广告植入短视频的内容中；另一种就是直播带货，粉丝购买"网红"所分享和推荐的产品，产品商家将售货利润与 MCN 机构分成，MCN 机构再与"网红"分成。

2018 年 6 月，抖音平台的企业服务认证功能上线，吸引了大批商家涌入抖音平台。除了传统意义上的实体商家之外，大批淘宝平台店主也加入短视频电商大军之中。短视频平台使"人人开店"成为可能，每一个认证账号都可以成为店家的网上店面。店家将淘宝链接添加到自己制作的短视频中，只要观看者点击产品就可跳转至淘宝平台的店铺进行购买。

对于商家来说，如何通过短视频的算法机制或热度让自家商品拥有更多的曝光率与信服度是重中之重。传统商家店内会聘请导购员为所售产品推销，短视频商家则会在"星图"上寻找心仪的"网红"帮忙带货。抖音平台上的"星图"实际上就是广告主选择"网红"，并投放广告的一个平台，"网红"可以通过在"星图"上接广告来赚钱。但根据最新的有关规定，广告主要想在抖音上投放广告就必须经过"星图"，不然含有营销性质的作品就会被抖音官方限流，但"星图"更重要的功能是保护双方的利益，"星图"为品牌方、MCN 机构、明星、"网红"服务，并收取分成，在这里可以完成订单接收、签约管理、项目汇总、数据查看等任务。例如，品牌方有内容需求，可以上抖音"星图"选择合适的明星、"网红"进行营销。抖音"网红"若想要入驻"星图"，粉丝数要在 10 万人以上。这样商家在针对商品选择带货者时，会根据"星图"上"网红"的粉丝数进行考量。"网红"的使用、推荐与广告主有异曲同工之妙，但与广告主不同的是，"网红"更多的是依靠自己的人格魅力及粉丝认可度来推广自己所使用或向大家推荐的产品。粉丝为自己喜欢的"网红"所推荐的商品买单，是时尚领域的低阶层向高阶层看齐，即对高阶层生活的接近与追随。这种模仿与追逐不仅仅是人们对自己偶像的支持，使用明星或"网红"推荐的产品，似乎还使自己与他们处于同一时尚水平，不仅提高了个人审美与格调，还彰显了自己在"网红"引领下的个性与时尚。

通过抖音平台上的"星图"应用提供的数据资料，"网红"可以自主选择商家或依托 MCN 机构来进行商业对接，在自己的短视频中加入产品的链接。短视频平台可以对用户进行精准的垂直细分，通过算法机制让观看者可以刷到自己感兴趣的视频与商品。① 这一点与传统影视广告的粗放式投放模式有很大不同。

被签约的"网红"与自己签约的 MCN 机构，都可以登录"抖音创作者服务平台"，通过数据来了解自己带货中购买者能够接受的价格区间，如大部分成交价格区间在 100~500 元，那么 MCN 机构与"网红"在与商家进行商业对接时，就会根据产品的成交价格区间或种类进行划分和选择。"网红"自带的标签也是 MCN 机构与商家衡量带货适合度的标准，如对一位标签为学生的"网红"来说，肯定不宜让她去推销母婴用品或高端奢侈品。一是其年龄层次与有购买欲望的用户不匹配；二是其粉丝的消费能力与商品不匹配。商家会找到 MCN 机构，根据自己销售的产品寻找更符合带货的"网红"进行商业对接。

综上所述，MCN 机构面向多个价值链环节，起到了信息传递和效率提升的作用，创造了新的细分市场，并探索出一种使得原有产业链各个环节都颇为满意的盈利模式。

四、MCN 机构的未来趋势

由于 MCN 机构数量众多、竞争激烈，这种商业性的短视频内容生产也愈来愈同质化。经过 2019 年的爆发式增长，目前行业部分格局及角色变化方向也初见端倪。许多 MCN 机构致力于在内部提升竞争力，外部进行"去 MCN 化"的尝试。MCN 机构正致力于与产业基因相结合，基于自身核心优势进行业务拓展与延伸，并结合部分行业基因弱化 MCN 的属性，

---

① 姚力文，段峰峰．网络短视频平台流量变现探析［J］．新闻前哨，2019（8）：35．

以构建新的"网红经济商业体"。①

与此同时，随着进入 MCN 行业的资本越来越多样化，除投资公司之外，跨行业资本、上市公司等也成为投资 MCN 机构的重要组成部分，未来这样的资本角色会越来越多，在资本加持下 MCN 机构的发展速度也会越来越快，"大鱼吃小鱼"的兼并、重组、合作的态势也将进一步加剧。以经纪为主的 MCN 模式即将被淘汰，因为单纯的签约及经纪模式可创造的收益、可发展的路径都呈现出较大的局限性，而以内容为核心、拥有可持续发展的流量账号是业务发展、提高变现效率的关键，追求内容的垂直细分，制作的专业化、精致化应该是未来 MCN 机构的发展方向。

在人人都在使用短视频的今天，"网红"的商业化运作已经成为一种必然趋势。大多数 MCN 机构过度依赖签约的头部"网红"，即使是行业内的翘楚，仍然面临着公司人才储备不足的问题。MCN 机构如何探索出科学的孵化机制，提升持续创作优质原创内容生产者的能力，这是整个 MCN 机构需要关注的焦点。在强大的代销、运营、谈判能力的基础上，MCN 机构未来有能力提升自身供应链整合能力或者打造自主供应链，提升商品流通的效率，甚至一部分 MCN 机构有望转型成为"品牌孵化基地"。在 5G 技术的推动下，MCN 机构可以向更加专业化的方向迈进，提升自己供应链整合能力，未来将会迎来更加广阔的发展空间。

第三节　算法：优质内容激励机制

在传统影视时代，由于电影产品和观影影院数量有限，观众在观看选择上不存在问题，甚至处于一种无从选择的状态；电视媒体机构按照行政级别和地域划分，总体上各有专属的领域，采取垄断性经营。而到了短视频时代，由于短视频的海量存在，且每天以庞大的数目不断增加，人的注

---

① 文化产业评论.2020 年中国 MCN 行业发展研究白皮书[R/OL].(2020-05-08)[2021-06-20].https://www.sohu.com/a/393892298_152615.

意力成为稀缺资源,这让短视频作品能否被看到成为首要问题。而如何知道短视频是否会被观看者喜欢,以及如何让生产者知道观看者喜欢什么也成为关键问题。

针对这些问题,依靠传统的电影票房统计或者电视收视率调查的方法是不可能解决的,因为那套办法是建立在观影场地和播放设施相对固定、电影片源和电视频道也十分有限的前提下实行的。在今天的移动视频媒体快速发展的时代,那套办法不仅无用,也无法进行。那么,究竟该怎么办呢?随着智能终端、大数据、云计算等技术的出现,算法就应运而生了。

一、算法的概念及由来

算法一词来源于波斯数学家花拉子密。公元 9 世纪,这位数学家写过一本书,讨论用纸和笔解决数学问题的技巧。① 现代智能算法,是科学家使用计算机技术建立起来的一套计算方法或计算规制。算法计算依据的是一种编码程序,通过特定的运算把输入数据转化为想要得到的输出结果。从社会化媒体的热门话题排行到搜索引擎的排名,"从豆瓣的电影、书籍推荐再到新闻客户端的个性化资讯推送,算法主导信息聚集和分发,辅助甚至代替人工编辑进行信息的筛选和推荐"②。

那么,算法是根据什么来计算的呢?事实上,它根据的对象是数据。人们上网浏览、搜索、点击等行为都会在网络上留下痕迹,这些痕迹都是以数据的方式被记录下来,成为算法计算的素材。"在以移动终端为中心的智能传播时代,人类的所有信息行为都会被以数据形式存储下来,海量的用户信息为算法深度学习提供了样本数据,也为传播活动创造了新的机遇,于是一种基于算法技术的新型传播形态——算法传播诞生了。"③

从 Web2.0 时代开始,人们进入微博、微信等页面浏览内容或者表达

---

① 王敏芝. 算法时代传播主体性的虚置与复归 [J]. 苏州大学学报(哲学社会科学版),2021 (2):167.
② 周祉含. 西方新闻传播学的算法研究综述 [J]. 新闻爱好者,2019 (4):93.
③ 全燕,张入迁. 关键词、内容生成与算法重组的传播格局 [J]. 苏州大学学报(哲学社会科学版),2021 (2):158.

想法时，一般都需要注册一个账号，这个账号就成为使用者的个人信息门户，它既是使用者发布信息的门户，也是管理信息的门户，每个使用者的信息门户都会打上鲜明的个人印迹，而且每个使用者看到的内容都不一样。① 算法逻辑就是从那时起展开运作的。

到了短视频时代，这种情况得到了延续，人们浏览短视频网站的体验是，每个人观看到的短视频内容都不一样。而且算法会根据个人的偏好，推送相关的内容。这都是算法逻辑运行的结果。

二、算法推送的运行逻辑

作为一套全新的传播模式，算法技术有着自己的内在运行逻辑和基本框架。它具有系统性和全流程性的特征。"这种新型传播从内容生产、渠道组织、信息传递方式等方面都彻底颠覆了传统的传播模式，它以算法为纲，依据用户关键词生成定制化内容，在进行精准推送的同时记录用户的反馈数据，并据此调整后续的内容生成，从而形成了信息收集、内容生成、精准推送、效果追踪、内容调控的传播闭环，其中，关键词、内容生成建构了算法传播的基本框架。"②

从这个意义上讲，算法并非只是某种被单独使用的技术，而是"自主形成了一个完整的传播网络，在这个网络中，算法不再只是充当技术中介，而是成为一个超级传播者，它依靠关键词分析和自动化内容生成，独立完成了以往需要传播组织内部分工协同的多项工作，而受众也演变为用户，作为一个个网络节点嵌入其中，并始终处于受控状态"③。

在短视频的观看行为中，虽然人们的观看行为并不需要付费，但是人们的观看偏好，会成为短视频平台的重要资源，如在某个短视频上停留的时间长短、重复观看的频次、有无评论或下载行为等，都会被当作数据记

---

① 杜志红. 电视的命运：媒介融合与电视传播范式变革 [M]. 北京：中国书籍出版社，2014：41.
② 全燕，张入迁. 关键词、内容生成与算法重组的传播格局 [J]. 苏州大学学报（哲学社会科学版），2021（2）：158.
③ 全燕，张入迁. 关键词、内容生成与算法重组的传播格局 [J]. 苏州大学学报（哲学社会科学版），2021（2）：158.

录下来，进而生成关于这个观看者的"画像"，被编码程序编码，从而成为向其进行内容推送的重要依据。换句话说，人们观看行为就是"节点化的用户数据"，会被转换成为用户的"关键词"。"关键词作为节点化的用户数据，是算法传播发生的基础……关键词将用户网络足迹进行总结概括，用户足迹即从一个持续性的行为变成了由一个个关键词组成的节点。"①

对于海量的短视频来说，让什么样的观看者看到什么样的内容，让什么样的内容找到喜欢它的观看者，是无法依靠人工来完成的，所以短视频平台必须借助算法系统，而且在越来越追求传播的精准化时代，如果不能让短视频内容精准传播，也就是对短视频生产的巨大浪费。因此，"用户的网络数据被算法收集分析，算法依据其人口特征、网络行为习惯、浏览内容等因素生成节点化的关键词，并将同类的具有联系的关键词连接起来形成语义网（Semantic Web）……用户关键词被语义网聚合起来，形成一张囊括用户所有特性的网络，算法根据不同用户的关键词聚合网络，制定不同的内容生成策略……算法依靠用户的个人网络数据、社交半径、时空情景生成极具个人特色、迎合个人喜好的定制化内容。但是用户的阅读喜好和习惯并不十分稳定，算法需要根据用户不同时期的数据变化预测出其需求的转变，以提高内容生成的精准度"②。

三、算法的双重效应

算法推送虽然可以很好地根据用户喜好来推送内容，但这样做的结果，也可能会导致两种效应：一是"茧房效应"；二是"媒介依赖"。

算法推送给观看者的感觉是，短视频平台推送的都是自己喜欢看的内容。这是因为"算法一方面在服务人，另一方面却在控制人；持续的数据

---

① 全燕，张入迁．关键词、内容生成与算法重组的传播格局［J］．苏州大学学报（哲学社会科学版），2021（2）：158-159．

② 全燕，张入迁．关键词、内容生成与算法重组的传播格局［J］．苏州大学学报（哲学社会科学版），2021（2）：160．

'喂养'也将算法'训练'得更加'懂你',甚至比你自己还懂你"①。算法成为一个忠实地讨好你的人,可是这会导致观看者所看的内容范围越来越狭窄,而海量视频中大量有趣的内容,就会被过滤掉,不再能够让你看见。久而久之,人们就像被困于一个自己织就的"信息茧房"中,越来越看不到大千世界应该有的样子。人于是被算法所控制,成为一个被算法驯化的人。"算法传播的可计算性、可控性会使人的行为模式简单化,并按照其预设好的内容流动的逻辑进行行动与反馈,算法以此来影响、控制、改变用户的认知、态度、行为,而用户沉浸在算法传播的拟态环境下,也将逐渐被算法驯化。"②

许多人表达过刷抖音的感受,就是容易"上瘾",具体表现是时间的快速流逝和人们对短视频内容获取的渴望。这种状态就是一种"媒介依赖",或者叫"算法依赖"。"这表现在算法传播能够通过信息精准推送来实现对用户点击行为的控制,并影响用户对于具体事件的态度、观点以及相关内容后续的点击行为。"③ 全燕与张入迁两位学者描绘了这种"成瘾"的发生机理:

> 算法推送采取的是"瀑布流"的模式,即当用户阅读完一则内容后,紧接着会为用户生成下一则内容,使人逐渐产生媒介依存症。这是由于算法作为"技术多巴胺",会使用户在饮用"科技瘾品"——自动化生成内容的过程中得到了自我满足。而为了获得更多的满足感,用户会进行持续性内容浏览,并在此过程中自觉产生积极反馈,持续为算法的深度学习饲喂数据,用户的行为就这样在无形中被算法操控……在这种机制的作用下,用户注意力被算法平台吸引,耗费过多精力于网络世界后,难以从中抽离;而固化的内容又会强化用户的单一性思维,思考也随之减少,导致

---

① 王敏芝. 算法时代传播主体性的虚置与复归 [J]. 苏州大学学报(哲学社会科学版), 2021(2): 166–175.
② 全燕,张入迁. 关键词、内容生成与算法重组的传播格局 [J]. 苏州大学学报(哲学社会科学版), 2021(2): 162.
③ 全燕,张入迁. 关键词、内容生成与算法重组的传播格局 [J]. 苏州大学学报(哲学社会科学版), 2021(2): 163.

无论在线上和线下,用户都变得越来越像一个模式化的机器人。①

认识到这些问题,对于每一个观看短视频的人来说都是至关重要的。短视频艺术虽然提供了许多新的媒介体验,但所有的媒介都应该为人所服务、所掌控,而不是让人为媒介所服务、所掌控。同时,短视频平台也要认识到,所有的算法都是人的价值观立场的一种投射,媒介平台应该不断提高算法对人和社会的正面影响,减少算法对人和社会的负面效应。"算法向善",应该成为算法时代必须恪守的媒介法则。

但同时我们也应该看到,算法也是短视频优质内容的激励机制。因为算法机制不仅会让观看者"观看他自己",而且会通过算法机制对内容进行一种评定和遴选。一个短视频的完播率、重播率、下载量等指标,都直接指向对这个短视频的评价指标,因此,好的内容会优先推送,而不好的内容就会被算法淘汰。在这样的机制下,短视频创作者必须不断创新,推出优质内容,才能立于不败之地。在这种内容竞争的激励机制下,算法正在推动短视频的内容生产朝着多元化和优质化的方向发展。正如一些研究者所言,"短视频平台内容品质与质量整体在不断上行,这表现为短视频在不断去娱乐化,不再是娱乐唱跳占据主导,而是变得更加多元化。短视频推荐的内容涵盖面也在扩大,从娱乐、音乐影视到餐饮、教育、电商,再到房地产、汽车等众多垂直领域与行业,诸多垂直行业的观点输出内容已占据很大一部分内容比例"②。

综上所述,我们不能只看到算法机制对于短视频观看者可能造成的"媒介依赖""茧房效应",还应该看到这种算法机制对内容生产的影响,它作为一种激励机制,通过精准计算,正在源源不断地遴选出优质内容,在内容供给侧一端营造出一种你追我赶、你无我有、你有我优的竞争局面。这对于众多的观看者来说,不能说不是一种福音。

---

① 全燕,张入迁. 关键词、内容生成与算法重组的传播格局[J]. 苏州大学学报(哲学社会科学版),2021(2):163.
② 王新喜. 长视频斗不过短视频的底层逻辑[EB/OL].(2021-05-10)[2021-06-20]. https://view.inews.qq.com/a/20210510A007J500.

第九章
短视频艺术的未来展望

任何新媒介和新艺术形式都有自己的诞生期、成长期、黄金期，也会有衰落期。但是，一些新媒介和新艺术形式虽然会过了黄金期，但并不会马上消失，而是会有一段稳定期，甚至会被永久地保留下来。例如，文字媒介中的唐诗、宋词、元曲、明清小说。又如，影像媒介中的电影、广播、电视。再如，网络媒介中的微博、微信等。而且，随着技术的进步，一些新媒介和新艺术还会不断迭代，从形式到内容，从应用到形态，都会不断创新。短视频艺术也不例外。

一些人将中、长视频的发展视为短视频的危机，认为中、长视频将会取代短视频。鉴于此，短视频平台通过不断调整用户的视频拍摄时长，来应对这种所谓的"危机"。例如，抖音平台放开了15分钟的视频拍摄权限，快手也于2020年上线了专业团队制作的长视频节目，重点在社会题材的纪录片、网络电影等方面发力。与此同时，各大中、长视频平台大力发展短视频业务，试图将短视频用户引向中、长视频平台。

但是笔者认为，中、长视频的发展并非会引发短视频的危机。因为在短视频出现之前，中、长视频早就都存在很多年了。单以时长来论，电影、电视剧就是长视频，而一些电视栏目或纪录片就是中视频。因此，各个视频平台发展中、长视频，无非是一种市场扩张行为，并不会改变短视频存在和发展的基本媒介特质、传播功能和价值支点。短视频与中、长视频的区别并非只有时长，更重要的是其媒介特征、传播功能和价值支点的区别。

就目前的情况来看，短视频在生产激励机制上明显优于中、长视频的生产激励机制。"相对于短视频产品通过算法对消费者进行内容精准投喂（投放），长视频依然保持着传统货架型的消费方式，用户需要发挥自己的主观能动性去找内容，目前长视频主要有两种内容寻找模式，其一是通过首页的类目导航与推荐，比如说按照类型、热度和评分来选择电影；其次是通过搜索。"① 由于算法机制的介入，以抖音为代表的短视频平台正在逐

---

① 王新喜. 长视频斗不过短视频的底层逻辑[EB/OL].（2021-05-10）[2021-06-20]. https://view.inews.qq.com/a/20210510A007J500.

步走过内容浅薄阶段，它并没有一味地迎合心智还尚未成熟的年轻人，尤其是以性别划分去争取女性用户，而是无差别地尊重大众化的普遍认知与智商，无论是趣味化内容、干货观点输出、价值观输出等都变得成熟起来。而长视频平台的首页推荐，基本上都是浓厚的娱乐化氛围，各种服饰华丽、装扮精致、严重脱离历史的伪"古装剧"扑面而来。国产"小鲜肉剧"几乎心照不宣地成为各大长视频平台的主推影视内容。①

另一种观点是对短视频平台的过度商业化趋势表示忧虑。短视频创作主体的活动空间经历了一个变化的过程，从原本主要由个人进行日常生活记录或观念、心情分享和交流的平台，逐渐演变为主流媒体机构和资本势力角逐的场所。2018 年，抖音平台有 1 344 个媒体官方注册账号，2019 年又新增 1 651 个媒体账号。企业蓝 V 账号注册数增长 44.6 倍，投稿数增长 211 倍。短视频创业公司 New TV 融资 8 亿美元，其中，21 世纪福克斯、华纳兄弟等影视资本巨头参与投资；音乐短视频动次融资数千万元。秒拍视频软件宣布将投入至少 8 000 万元资本用于原创视频制作，腾讯也宣布投资 2 亿元用于补贴内容制作。研究者认为，这种发展趋势是一把双刃剑：一方面，它会"强化时代隐忧"，认为短视频作为一种新兴的表现形式，"使得人们对于真相的兴趣减少，而幻觉和表象对人们的支配性力量越来越强……短视频的商业化发展，使其工具理性的价值比重越来越高，有凌驾于价值理性之上的趋势……批量化的流水线式短视频生产无法产生真实的内容，通过给观众营造虚假的幸福生活和短暂的快感获得点击量，无法调动观众真正的热情和积极性，遑论教化与提升用户的精神世界"②。另一方面，它会冲击教育理念，"如果青少年通过短视频接触的信息大多是无意义的甚至是低俗的内容，不仅会妨碍他们学习成长所需的知识和技能，还会使他们的心灵扭曲"③。

应该说，以上的这些见解，还是在传统再现论、表征论的窠臼中打转

---

① 王新喜. 长视频斗不过短视频的底层逻辑[EB/OL].（2021-05-10）[2021-06-20]. https://view.inews.qq.com/a/20210510A007J500.
② 凌海青，任大刚. 短视频的危机与出路 [J]. 青年记者，2021（1）：45.
③ 凌海青，任大刚. 短视频的危机与出路 [J]. 青年记者，2021（1）：45.

转,甚至还是在"魔弹论"的臆想中来向社会发出所谓的"警示"。其一,短视频并不会减少人们"对于真相的兴趣",相反,在许多舆论事件中,人们通过要求公布监控视频来获得对于舆论事件和真相的可见性。其二,有人说"批量化的流水线式短视频无法产生真实的内容",这恐怕是一种臆断,更何况短视频影像本身就来源于生活,何来真实与否之说呢?所谓对于真实与否的讨论,还是拿看待传统影视的再现论思维方式来看待短视频艺术。其三,有人认为,青少年大量观看短视频会荒废学习,这也是一种夸大媒介功能的陈旧思维——它完全忽视了作为观看者的人的主观能动性。斯图亚特·霍尔早在很多年前,就以受众在接触媒介时会采用三种"解码"态度的理论,批评了那种把媒介效果等同于枪弹的可笑说辞。

其实,这种对短视频的批评几乎在所有新媒介刚出现时都曾经发生过。苏格拉底曾经批评作为新媒介的"文字损害记忆和面对面的谈话",而电话刚诞生时则被认为是一种"吵闹的玩具"①;电视在刚诞生时也受到许多猛烈的抨击,被认为"是一种比游戏还要低级的活动——廉价的快乐、甚至像毒品,对我们和儿童,对文化中高雅的东西,都有破坏性"②。尼尔·波兹曼甚至认为电视将一切都娱乐化了,将会把人类变成"一个娱乐至死的物种"。③

对于这些批评,保罗·莱文森认为,这种对新媒介的大多数抨击大概都隐藏着一种深层的恐惧,那就是新的传播方式会损害旧的生活方式。"虽然旧的生活方式未必最好,但与新的生活方式相比,它肯定要舒服一些,因为那是熟悉的生活方式。"④ 他还把一些对于新媒介的批评称为一种"埃吕尔式的错误","这一错误好比是飞蛾孵化之前就批评其幼虫,也就是批评技术的童年或青春期形式。显然,媒介支配我们的观点使人看不见

---

① 保罗·莱文森. 软利器:信息革命的自然历史与未来[M]. 何道宽,译. 上海:复旦大学出版社,2011:47,50.
② 保罗·莱文森. 数字麦克卢汉:信息化新纪元指南[M]. 何道宽,译. 北京:社会科学文献出版社,2001:213.
③ 尼尔·波兹曼. 娱乐至死[M]. 章艳,译. 桂林:广西师范大学出版社,2004:4.
④ 保罗·莱文森. 软利器:信息革命的自然历史与未来[M]. 何道宽,译. 上海:复旦大学出版社,2011:47.

从一种技术到另一种技术的媒介演进，而且使人看不见一种媒介发展的不同阶段"①。同时，他还认为"反对新媒介的人常常对其批评的新媒介知之甚少，或根本就没有任何体验。这是纸上谈兵的谬误"②。因此，现状的任何动摇都使反对者恐惧。

那么，短视频的未来究竟会有怎样的发展或演变？笔者认为，无数的传统媒介已经演绎了媒介变革的路径和轨迹，短视频作为一种新的媒介也概莫能外；同时，此前无数的艺术形式也演绎了艺术变革的路径和轨迹，短视频艺术作为一种新的艺术形式，也一定会像此前的艺术形式那样，作为一种艺术活动而存在下去。虽然，有一天，短视频也会走过它的黄金时代，正如电视走过了它的黄金时代那样。保罗·莱文森曾指出，千百万人同时看一个节目，是"古典"电视的一个特征。它就像苏州的老年人仍然每天会去听一下午的评弹，或者像北京的老年人仍然会去戏院听一场京剧那样，这是一种艺术化的生活方式。写字曾经是日常生活中的一种实用技能，而当打字机和计算机普及后，写字就变成一种仪式化的书法艺术活动。"对于我们成长过程中熟悉的、业已习惯的、突然发现要被取代的媒介，我们却怀着强烈的怀旧情绪。旧媒介初次被取代时，它被当作一种艺术……我们永远摆脱不了感情上与媒介的纠缠。"③

同样的道理，当更新的媒介或艺术形式出现以后，短视频艺术或许也会成为一种仪式化的艺术活动。到了那一天，人们或许也会怀念这个每天拍短视频、看短视频的时代，就像今天怀念过去那个没有互联网和短视频的电视时代一样。

---

① 保罗·莱文森. 软利器：信息革命的自然历史与未来［M］. 何道宽，译. 上海：复旦大学出版社，2011：94.
② 保罗·莱文森. 软利器：信息革命的自然历史与未来［M］. 何道宽，译. 上海：复旦大学出版社，2011：48.
③ 保罗·莱文森. 数字麦克卢汉：信息化新纪元指南［M］. 何道宽，译. 北京：社会科学文献出版社，2001：217-218.

主要参考文献

一、书籍

1. 杨荣,黄慧. 影视艺术概论［M］. 成都：电子科技大学出版社，2018.
2. 胡智锋. 电视传播艺术学［M］. 北京：北京大学出版社，2004.
3. 谭霈生. 电影美学基础［M］. 南京：江苏人民出版社，1984.
4. 何苏六. 电视画面编辑［M］. 北京：中国广播电视出版社，1997.
5. 李幼蒸. 当代西方电影美学思想［M］. 北京：中国社会科学出版社，1986.
6. 费孝通. 文化与文化自觉［M］. 北京：群言出版社，2010.
7. 陈卫星. 传播的观念［M］. 北京：人民出版社，2004.
8. 潘霁,周海晏,徐笛,等. 跳动空间：抖音城市的生成与传播［M］. 上海：复旦大学出版社，2020.
9. 黄俊,李超. 布尔迪厄文化再生产理论导论［M］. 北京：社会科学文献出版社，2019.
10. 杜志红. 电视的命运：媒介融合与电视传播范式变革［M］. 北京：中国书籍出版社，2014.
11. 阿瑟·C. 丹托. 何谓艺术［M］. 夏开丰,译. 北京：商务印书馆，2018.
12. 威廉·米切尔. 重组的眼睛：后摄影时代的视觉真相［M］. 刘张铂泷,译. 北京：中国民族摄影艺术出版社，2017.
13. W. J. T. 米歇尔. 图像何求：形象的生命与爱［M］. 陈永国,高焓,译. 北京：北京大学出版社，2018.

14. 雷吉斯·德布雷. 图像的生与死：西方观图史 [M]. 黄迅余, 黄建华, 译. 上海：华东师范大学出版社, 2014.

15. 克里斯托夫·武尔夫. 人的图像：想象、表演与文化 [M]. 陈红燕, 译. 上海：华东师范大学出版社, 2018.

16. 齐格弗里德·克拉考尔. 电影的本性：物质现实的复原 [M]. 邵牧君, 译. 北京：中国电影出版社, 1981.

17. 吉尔·德勒兹. 运动-影像 [M]. 谢强, 马月, 译. 长沙：湖南美术出版社, 2016.

18. 劳拉·穆尔维. 视觉快感和叙事性电影 [M]//杨远婴. 影理论读本. 北京：世界图书出版公司, 2011.

19. 吉尔·内尔姆斯. 电影研究导论 [M]. 李小刚, 译. 4版. 北京：世界图书出版公司, 2012.

20. 张英进. 影像中国：当代中国电影的批评重构及跨国想象 [M]. 胡静, 译. 上海：上海三联出版社, 2008.

21. 罗伯特·艾伦. 重组话语频道：电视与当代批评理论 [M]. 牟岭, 译. 2版. 北京：北京大学出版社, 2008.

22. 丹尼尔·戴扬, 伊莱休·卡茨. 媒介事件：历史的现场直播 [M]. 麻争旗, 译. 北京：北京广播学院出版社, 2000.

23. 约翰·菲斯克. 电视文化 [M]. 祁阿红, 张鲲, 译. 北京：商务印书馆, 2005.

24. 约翰·史都瑞. 文化消费与日常生活 [M]. 张君玫, 译. 台北：巨流图书公司, 2002.

25. 约翰·伯格. 约定 [M]. 黄华侨, 译. 桂林：广西师范大学出版社, 2015.

26. 约翰·伯格. 观看的方式 [M]. 吴莉君, 译. 台北：麦田, 城邦文化出版, 2010.

27. 玛莉塔·史特肯, 莉莎·卡莱特. 观看的实践：给所有影像世代的视觉文化导论 [M]. 陈品秀, 吴莉君, 译. 台北：脸谱, 城邦文化出版, 2013.

28. 大卫·阿什德. 传播生态学：控制的文化范式 [M]. 邵志择, 译. 北京：华夏出版社, 2003.

29. 劳伦斯·格罗斯伯格, 艾伦·渥泰拉, D. 查尔斯·惠特尼, 等. 媒介建构：流行文化中的大众媒介 [M]. 祁林, 译. 南京：南京大学出版社, 2014.

30. 斯图尔特·霍尔. 表征：文化表征与意指实践 [M]. 徐亮, 陆兴华, 译. 北京：商务印书馆, 2013.

31. 约翰·哈特利. 全民书写运动 [M]. 郑百雅, 译. 台北：漫游者文化事业股份有限公司, 2012.

32. 尼克·库尔德利. 媒介、社会与世界：社会理论与数字媒介实践 [M]. 何道宽, 译. 上海：复旦大学出版社, 2014.

33. 詹姆斯·罗尔. 媒介、传播、文化：一个全球性的途径 [M]. 董洪川, 译. 北京：商务印书馆, 2012.

34. 亨利·詹金斯. 融合文化：新媒体和旧媒体的冲突地带 [M]. 杜永明, 译. 北京：商务印书馆, 2012.

35. 马歇尔·麦克卢汉. 媒介即按摩：麦克卢汉媒介效应一览 [M]. 何道宽, 译. 北京：机械工业出版社, 2016.

36. 马歇尔·麦克卢汉. 麦克卢汉如是说：理解我 [M]. 何道宽, 译. 北京：中国人民大学出版社, 2006.

37. 保罗·莱文森. 软利器：信息革命的自然历史与未来 [M]. 何道宽, 译. 上海：复旦大学出版社, 2011.

38. 保罗·莱文森. 数字麦克卢汉：信息化新纪元指南 [M]. 何道宽, 译. 北京：社会科学文献出版社, 2001.

39. 约翰·杜翰姆·彼得斯. 对空言说：传播的观念史 [M]. 邓建国, 译. 上海：上海译文出版社, 2017.

40. 京特·安德斯. 过时的人：论第二次工业革命时期人的灵魂（第一卷）[M]. 范捷平, 译. 上海：上海译文出版社, 2010.

41. 段义孚. 恋地情结 [M]. 志丞, 刘苏, 译. 北京：商务印书馆, 2018.

42. 段义孚. 空间与地方：经验的视角［M］. 王志标, 译. 北京：中国人民大学出版社, 2017.

43. 詹姆斯·W. 凯瑞. 作为文化的传播［M］. 丁未, 译. 北京：华夏出版社, 2005.

44. 斯科特·麦夸尔. 地理媒介：网络化城市与公共空间的未来［M］. 潘霁, 译. 上海：复旦大学出版社, 2019.

45. 多琳·马西. 空间、地方与性别［M］. 毛彩凤, 袁久红, 丁乙, 译. 北京：首都师范大学出版社, 2018.

46. 欧文·戈夫曼. 日常生活中的自我呈现［M］. 冯钢, 译. 北京：北京大学出版社, 2008.

47. 戴维·莫利, 凯文·罗宾斯. 认同的空间：全球媒介、电子世界景观和文化边界［M］. 司艳, 译. 南京：南京大学出版社, 2001.

48. 巴赫金. 马克思主义与语言哲学［M］//巴赫金全集：第二卷. 钱中文, 译. 石家庄：河北教育出版社, 2009：352.

49. 马林诺夫斯基. 文化论［M］. 费孝通, 译. 北京：中国民间文艺出版社, 1987.

50. 雷蒙德·威廉斯. 漫长的革命［M］. 倪伟, 译. 上海：上海人民出版社, 2013.

51. 雷蒙·威廉斯. 希望的源泉：民主、文化、社会主义［M］. 祁阿红, 吴晓妹, 译. 南京：译林出版社, 2014.

52. 哈特穆特·罗萨. 新异化的诞生：社会加速批判理论大纲［M］. 郑作彧, 译. 上海：上海人民出版社, 2018.

53. 阿莱达·阿斯曼. 回忆空间：文化记忆的形式和变迁［M］. 潘璐, 译. 北京：北京大学出版社, 2016.

54. 凯文·林奇. 城市意象［M］. 方宜萍, 何晓军, 译. 2版. 北京：华夏出版社, 2017.

二、期刊

1. 孙玮. 我拍故我在　我们打卡故城市在：短视频：赛博城市的大众影像实践［J］. 国际新闻界，2020（6）：6-22.

2. 叶浩生. 身心二元论的困境与具身认知研究的兴起［J］. 心理科学，2011（4）：999-1005.

3. 李恒威，黄华新. "第二代认知科学"的认知观［J］. 哲学研究，2006（6）：92-99.

4. 於春. 传播中的离身与具身：人工智能新闻主播的认知交互［J］. 国际新闻界，2020（5）：35-50.

5. 宋美杰. 非表征理论与媒介研究：新视域与新想象［J］. 新闻与传播研究，2020（3）：86-97，127-128.

6. 刘海龙. 传播中的身体问题与传播研究的未来［J］. 国际新闻界，2018（2）：37-46.

7. 袁艳. 当地理学家谈论媒介与传播时，他们谈论什么?：兼评保罗·亚当斯的《媒介与传播地理学》［J］. 国际新闻界，2019（7）：157-176.

8. 潘祥辉. "无名者"的出场：短视频媒介的历史社会学考察［J］. 国际新闻界，2020（6）：40-54.

9. 成晓光. 语言哲学视域中主体性和主体间性的建构［J］. 外语学刊，2009（1）：9-15.

10. 李淼，谢彦君. 何为"表演"?：西方旅游表演转向理论溯源、内涵解析及启示［J］. 旅游学刊，2020（2）：121-133.

11. 王杰文. "表演"与"表演研究"的混杂谱系［J］. 世界民族，2012（4）：35-43.

12. 刘静. 面子：中西文化差异的探讨［J］. 成都大学学报（教育科学版），2007（2）：123-125.

13. 何成洲. 巴特勒与表演性理论［J］. 外国文学评论，2010（3）：132-143.

14. 潘忠党. "玩转我的 iPhone，搞掂我的世界！"：探讨新传媒技术应用中的"中介化"和"驯化"[J]. 苏州大学学报（哲学社会科学版），2014（4）：153-162.

15. 孙玮. 镜中上海：传播方式与城市[J]. 苏州大学学报（哲学社会科学版），2014（4）：163-170.

16. 杜志红. 文化创新：理解新媒介影像的重要维度[J]. 现代传播，2017（5）：16-20.

17. 杜志红. 短视频传播中华文化的影像话语创新：从"李子柒现象"的讨论说起[J]. 中原文化研究，2020（3）：27-32.

18. 张毓强，庞敏. 生活日常的全球化与国际传播产业化路径的探索：关于李子柒现象的讨论[J]. 对外传播，2020（1）：62-65.

19. 栾轶玫. 视觉说服与国家形象建构：对外传播中的视听新话语[J]. 新闻与写作，2017（8）：14-18.

20. 赵衡宇. 怀旧视角下老城旧街的复兴及其价值认同：以武昌昙华林街区的"慢更新"为例[J]. 城市问题，2015（9）：18-24.

21. 李凡，朱竑，黄维. 从地理学视角看城市历史文化景观集体记忆的研究[J]. 人文地理，2010（4）：60-66.

22. 王敏，江荣灏，朱竑. 新文化地理学中的非表征与再物质化研究进展[J]. 地理科学进展，2019（2）：153-163.

23. 全燕，张入迁. 关键词、内容生成与算法重组的传播格局[J]. 苏州大学学报（哲学社会科学版），2021（2）：157-165.

24. 王敏芝. 算法时代传播主体性的虚置与复归[J]. 苏州大学学报（哲学社会科学版），2021（2）：166-175.

25. 周祉含. 西方新闻传播学的算法研究综述[J]. 新闻爱好者，2019（4）：93-96.

三、电子资源

1. 刘育英. 中国网民超 9 亿　7.26 亿都用手机看新闻[EB/OL].（2020-04-28）[2021-06-20]. https：//m. gmw. cn/baijia/2020-04/

28/1301187748.html.

2. 艾瑞咨询. 2016年中国短视频行业发展研究报告［R/OL］.（2016－09－21）［2021－04－30］.http：//www.199it.com/archives/519334.html.

3. 梁小度. 抖音新定义：第九大艺术［EB/OL］.（2019－12－18）［2021－04－30］.https：//www.sohu.com/a/361172993_120216093.

4. 郭双双. 央媒集中评论盛赞《唐宫夜宴》：从传统画卷中奏出的文化强音［EB/OL］.（2021－02－20）［2021－04－30］.https：//baijiahao.baidu.com/s？id＝1692188568424627954&wfr＝spider&for＝pc.

5. 台正传媒. 剧情类的短视频剧本怎么写？什么题材容易火？［EB/OL］.（2021－02－27）［2021－05－15］.https：//www.sohu.com/a/452981038_120817800.

6. QuestMobile研究院. QuestMobile2021银发经济洞察报告［R/OL］.（2021－12－07）［2021－12－20］.https：//www.questmobile.com.cn/research/report-new/183.

7. 文化产业评论. 抖音+清华发布：短视频与城市形象研究白皮书［R/OL］.（2018－09－18）［2021－06－20］.https：//www.sohu.com/a/254628329_152615.

8. 燕子丹. 抖音发布女性数据报告：1 320万女性通过抖音直播获得收入［R/OL］.（2021－03－09）［2021－06－20］.https：//www.news.hnr.cn/djn/article/1/1368921686472265728.

9. 雷斯林. 李子柒怎么就不是文化输出了？［EB/OL］.（2019－12－09）［2021－06－20］.https：//baijiahao.baidu.com/s？id＝1652444451931291221&wfr＝spider&for＝pc.

10. 抖音. 2020抖音数据报告［R/OL］.（2021－01－05）［2021－06－20］.http：//www.199it.com/archives/1184841.html.

11. 文化产业评论. 2020年中国MCN行业发展研究白皮书［R/OL］.（2020－05－08）［2020－06－20］.https：//www.sohu.com/a/393892298_152615.

12. 易观. 2017年中国短视频MCN行业发展白皮书［R/OL］.（2018－

02-03)[2021-06-20].https：//www.askci.com/news/chanye/20180203/104248117543.shtml.

13. QuestMobile移动大数据研究院.中国移动互联网2018半年大报告[R/OL].(2018-07-18)[2021-06-20].http：//www.questmobile.com.cn/research/report-new/33.

14. 王新喜.长视频斗不过短视频的底层逻辑[EB/OL].(2021-05-10)[2021-06-20].https：//view.inews.qq.com/a/20210510A007J500.

后 记

  时光荏苒，社会和媒介的发展也在加速。不经意间，我在美丽的苏州大学已经任教 15 年了，这也恰恰是我之前在电视媒体机构工作的时间长度。加上中间在中国传媒大学读博的 3 年，掐指算来，我已经与视听影像打交道 30 多年了。

  从电视到短视频，媒介的发展界定了社会和时代。正如劳伦斯·格罗斯伯格所说，我们对当代社会变化的体验更多地体现在"媒介自身的变化"，而不是体现在媒介"关于变化的表征"。数字化、网络化、移动化的媒介技术催生了短视频这样一种新的媒介，也塑造了一种新的艺术形式。怎样来认识这种新媒介和新艺术，是对影视传播、影视艺术、影视文化研究领域提出的迫近而重要的命题；而要看清新的媒介形态和现象，往往需要反观它来时的路，这或许就是马歇尔·麦克卢汉所说的"后视镜"视角。因此，这本关于短视频艺术的讨论，布满了从传统影视艺术领域投射而来的目光。我感谢那些传统电影、电视领域的研究，为本书奠定了坚实的理论基础；感谢近年来一些学者在新媒体影像研究领域做出的重要探索；也感谢那些用短视频艺术濡染、浸润了这个时代的众多影像创作者，是他们的创作让短视频艺术熠熠生辉。

  写作此书的过程非常艰辛，长达几个月的伏案写作，让我为此付出了腰肌劳损的代价。然而，我想年纪大了，腰肌总是要劳损的，这也算是一种对岁月的纪念吧。

  在写作此书的过程中，苏州大学传媒学院院长陈龙教授给予我鼓励和指导，张健教授、曾庆江教授、刘均星副教授、程粟副教授及冯洋、岳军、许书源等老师，与我多次一起讨论、并肩协作，共同完成了这一套丛书，让我感到自己不是一个人在战斗，而是在一个团队中与同伴们砥砺前行。

感谢苏州大学出版社的盛惠良社长、陈兴昌总编辑为此书写作提供的指导和帮助，感谢责任编辑的辛苦付出，感谢出版社全体员工卓有成效的工作，感谢苏州大学传媒学院为写作团队提供的强有力的支持，让这套丛书能够以最快的速度面世。感谢我的研究生姚凯迪、杨胡仪、尚洁等同学，帮助我做了一些资料收集和部分小节的内容整理工作。感谢我的家人在我写作期间给予的支持。

由于本人才疏学浅，加之写作匆忙，书中难免会有不少悖谬错讹之处，敬请方家批评指正。

杜志红

2021年4月于桂花居